불과 글

IL FUOCO E IL RACCONTO
BY GIORGIO AGAMBEN

불과 글

우리의 글쓰기가
가야 할 길

조르조 아감벤 지음 ─ 윤병언 옮김

책세상

무엇의 이름으로? 103

부재하는 무언가의 이름으로 말을 한다거나 침묵한다는 것은 하나의 요구를 경험하고 제시한다는 것을 의미한다. 순수한 형태의 요구는 항상 어떤 부재하는 이름의 요구와 일치한다. 거꾸로 부재하는 이름은 우리에게 그것의 이름으로 이야기할 것을 요구한다. 요구가 요구하는 것은 사실 어떤 현실이 아니라 무언가의 가능성이다.

이집트에서의 유월절 117

이집트 탈출을 기념하는 절기를 이집트에서 보낸다는 것은 무엇을 뜻하는가? 파울(페자흐) 첼란의 경우, 그가 시를 써야 하는 필연적인 이유와 그의 시적 과제가 안고 있는 불가능성에 대해 수차례에 걸쳐 이야기한 모든 내용이, 이집트에서의 유월절과 관련지어 검토될 때 특별한 방식으로 빛을 발한다.

글 읽기의 어려움에 관하여 127

독서가 불가능한 글쓰기가 있는 반면 글쓰기가 없는 독서가 있다. 이 두 가지 경우가 모두 사실 우리에게 굉장히 유사하다. 즉 독서와 글쓰기가 서로 분리할 수 없을 정도로 밀접하게 연관되어 있다고 보는 우리의 일반적인 생각 자체를 뒤흔드는 독특한 독서와 글쓰기의 경험을 우리는 필요로 한다.

책에서 화면으로, 책의 이전과 이후 137

생각한다는 것은 글을 쓰거나 읽는 동안 백색 페이지를 떠올린다는 것을 의미한다. 즉 질료를 기억한다는 것을 의미한다. 컴퓨터 사용자는 '화면' 이라는 이 물리적인 장애물, 이 형태 없는 것이 그에게 끝내는 볼 수 없는 것으로 남기 때문에 발생하는 비물질적인 성격에 대한 관념의 허구를 중성화할 줄 알아야 한다.

창작 활동으로서의 연금술 175

시적인 삶의 형태란 작품 속에서 무언가를 하거나 하지 않을 수 있는 스스로의 잠재력을 관조하고 그 안에서 평화를 찾는 삶일 것이다. 살아 있는 인간은 오로지 작품의 무위적인 상태에 의해서만, 즉 어떤 작품을 통해 하나의 순수한 잠재력과 관계를 유지하면서 스스로를 삶의 형태로 구축하는 방식에 의해서만 정의될 수 있다.

옮긴이의 말 불과 침묵 220

이탈리아어판 일러두기

1. 〈창조 행위란 무엇인가?〉는 2012년 이탈리아 멘드리지오의 건축 아카데미에서 열린 강연 내용을 옮긴 글이자, 이어서 2013년 비매품으로 출간된 저자의 《작품의 고고학*Archeologia dell'opera*》에 실렸던 내용이다. 여기에 약간의 수정을 가했다. 〈이집트에서의 유월절〉은 2010년 6월 로마, 빌라 샤라Villa Sciarra의 이탈리아 독일 연구소에서 가진 《말을 찾아서. 서간문 1948~1973년*Troviamo le parole. Lettere 1948~1973*》(잉게보르크 바흐만과 파울 첼란이 주고받은 서신들)에 대한 연구 발표회의 강연 내용을 옮긴 글이다. 〈글 읽기의 어려움에 관하여〉는 2012년 12월 로마의 중소 출판사 도서 박람회 기간에 "독서의 위험"이라는 주제로 펼쳐진 토론회에서 소개된 내용을 옮긴 글이다. 〈책에서 화면으로, 책의 이전과 이후〉는 2010년 베네치아의 치니Cini 재단에서 열린 강연 내용을 수정해서 옮겼다. 나머지는 모두 이 책을 통해 처음 소개되는 글들이다.

한국어판 일러두기

1. 번역대본으로 사용한 이탈리아어판은 다음과 같다. Giorgio Agamben, *Il fuoco e il racconto*(Roma : Nottetempo, 2014).
2. 지은이가 이탤릭체로 강조한 대목은 고딕체로 표시했다.
3. 지은이가 인용한 성서의 번역문은 한국 천주교 주교회의에서 채택한 가톨릭 공용 성서를 따르되 원문과 특별히 다른 경우에는 약간의 수정을 가했다.
4. 옮긴이 주는 앞에 '(옮긴이)'라는 표시를 달아 지은이 주와 구별했다.
5. 단행본·정기간행물은 《 》로, 논문·단편·시·미술 작품 등은 〈 〉로 표시했다.

Il fuoco e il racconto

불과 글

불과 글, 신비와 서사는 문학이 포기할 수 없는 요소들이다. 하지만 어떻게 한 요소의 실체가 다른 요소의 상실을 반박할 수 없는 방식으로 증명하고 부재를 증언하면서 그것의 그림자와 추억을 필연적으로 상기시키는가? 글이 있는 곳에 불은 꺼져 있고 신비가 있는 곳에 서사는 존재하지 않는다. 이 불가능한 과제 앞에 선 예술가의 상황을 단테는 다음과 같은 문장으로 표현한 바 있다. "예술가는 예술의 옷을 입었지만 떨리는 손을 가졌다"(《신곡》, 〈천국편〉, 13곡 77~78절).

숄렘Gershom Gerhard Scholem*은 유대 신비주의에 관한 그의 책** 마지막 부분에서 요세프 아그논Shmuel Yosef Agnon***에게 전해 들은 다음과 같은 에피소드를 인용한다.

하시디즘의 창시자 바알 셈 토브Baal Schem Tov는 아주 힘든 문제를 해결해야 할 때면 숲속을 찾아가곤 했다. 그리고 어느 한곳에서 불을 피우고 기도를 올리면 그가 원하는 것이 이루어졌다. 시간이 흐르고 세대가 바뀐 뒤 그의 뒤

---

* (옮긴이) 게르숌 게르하르트 숄렘(1897~1982)은 독일에서 태어난 유대 철학자이자 역사가. 발터 벤야민과 평생 동안 삼백 통에 달하는 서신을 교환했을 정도로 각별한 친구였으며 카발라를 현대적인 방식으로 조명하고 유대 신비주의를 역사적으로 해석해낸 인물이다.
** 게르숌 게르하르트 숄렘, 《유대 신비주의의 주요 학파들Le grandi correnti della mistica ebraica》, G. Russo 옮김(Torino : Einaudi, 1993), 353쪽.
*** (옮긴이) 슈무엘 요세프 아그논(1888~1970)은 이스라엘의 소설가. 유대인의 전통적인 종교 생활을 배경으로 모순적인 세계에서 살아가는 인간의 모습을 날카롭고 해학적인 문체로 표현해낸 작가다. 1966년에 노벨문학상을 수상했으며 대표작으로 《신부의 지참금》, 《밤의 여행자》 등이 있다.

를 이은 마지드 메세리치Maggid Meseritsch도 같은 상황에 봉착하면 숲속의 그곳을 찾아가 이렇게 말했다. "더 이상 불을 어떻게 피워야 하는지는 모르지만 기도는 어떻게 드려야 하는지 알고 있습니다." 그리고 기도를 드리면 모든 것이 그가 원하는 대로 이루어졌다. 시간이 더 흐르고 그의 뒤를 이은 랍비 모세 라이브 사소프Mosche Leib Sassov도 힘든 상황에 처할 때면 숲속을 찾아가 이렇게 말했다. "우리는 더 이상 불도 피울 줄 모르고 기도도 어떻게 드리는지 모르지만 이 장소만큼은 알고 있습니다. 그것으로 충분하지 않을까요." 그의 말처럼 장소를 아는 것만으로도 충분했고 그의 희망은 곧장 현실로 이루어졌다. 하지만 시간이 좀 더 흐르고 세대가 또 바뀐 뒤에 랍비 이스라엘 리신Israel Rischin은 어려운 상황에 부딪히자 성 안에서 꼼짝도 하지 않고 도금된 의자에 앉아 이렇게 말했다. "우리는 더 이상 불도 피울 줄 모르고 기도도 드릴 줄 모르고 기도 드리는 숲속의 장소도 어디인지 모르지만, 이 모든 것을 글로 전할 수 있습니다." 그리고 다시 한 번, 모든 것이 랍비가 원하는 대로 이루어졌다.

우리는 이 이야기를 문학에 대한 하나의 알레고리로, 즉 인류가 시간이 흐르는 동안 신비의 근원으로부터 계속해서 멀어졌고, 불과 장소와 주문에 대한 전통적 가르침에 대해 결국은 천천히 기억을 잃고 말았지만, 여전히 이 모든 것을 이야기로 전달할 수 있다는 하나의 비유로 읽을 수 있을 것이다. 태초의 신비가 사라지고 남은 것이 곧 문학이다. 랍비는 웃으면서 '그것으로 충분하다'고 말한다. 하지만 이 '충분하다'는 말의 의미는 우리가 그다지 쉽게 이해할 수 있는 성격의 것이 못 된다. 어쩌면 바로 이 말의 의미를 어떻게 해석하느냐에 문학의 운명이 달려 있다고도 볼 수 있다. 이 말을 단순히 불과 장소와 주문의 상실이 곧 하나의 발전을 의미한다는 차원에서만 이해한다면, 즉 이러한 발전과 세속화의 결과가 신화적 기원으로부터 문학을 자유롭게 했고 문학을 독립된 분야로 구축하면서 자율적이고 성숙한 단계, 하나의 독자적 영역, 즉 문화의 단계로까지 성장시켰다는 차원에서만 이해한다면, '그것으로 충분하다'는 말은 정말 알쏭달쏭해진다. 충분하다니, 무엇에 충분하단 말인가? 더 이상 '불'과의 직접적인 연관 없이 '글'만으로 만족할 수 있다는 건 믿을 만한 이야기인가?

"이 모든 것을 글로 전할 수 있습니다"라고 말하면서 랍비가 정작 하는 이야기는 정반대의 이야기다. '이 모든 것'은 불과 주문과 장소의 상실과 망각을 의미하며 '글로 전하는 것'은 이 모든 것의 역사를 가리킨다. 그런 의미에서 모든 글, 모든 문학은 불의 상실에 대한 기억이라고 할 수 있다.

소설이 비화秘話에서 유래했다는 것은 문학사가 일반적으로 받아들이는 의견이다. 케레니Károly Kerényi*뿐만 아니라 라인홀트 메어켈바흐Reinhold Merkelbach**도 세속 비화와 고대 소설 사이에 유전적인 관계가 존재한다는 것을 증명해 보였다. 이러한 연관성의 실체를 가장 설득력 있게 보여주는 예는 아풀레이우스Lucius Apuleius의 《변신Metamorphoses》일 것이다(나귀로 변신한 주인공이 본격적인 신비주의 입

---

* (옮긴이) 카롤리 케레니(1897~1973)는 20세기의 가장 뛰어난 문헌학자로 칭송받는 헝가리 출신의 종교학자, 신화학자. 헝가리 페치 대학과 세게드 대학에서 고전문학과 종교사를 강의했고 1943년 스위스로 이주한 후 취리히의 카를 융 연구소에서 고전 및 신화를 연구했다. 대표작으로 《디오니소스》, 《그리스 종교의 원형》, 《그리스 신화》 등이 있다.
** (옮긴이) 라인홀트 메어켈바흐(1918~2006)는 독일의 고전 문헌학자. 독일 고대 종교사 분야에서 뛰어난 연구서들을 남겼다.

문 의식을 통해 구원에 이르게 된다). 비화에서와 마찬가지로 소설 속에서도 이러한 관계는 사건과 에피소드, 난관 등이 획득하는 의미가 현실을 초월하면서 신비롭게 구축될 때 한 개인의 삶이 신성하거나 초월적인 요소와 결속되는 방식으로 표출된다. 고대 그리스 시대에 신비주의 입문자가 그늘 속에서 연기나 춤을 통해 페르세포네Persephone가 하데스Hades에게 납치되는 장면과 봄이 돌아오면 페르세포네가 다시 지상에 모습을 드러내는 장면을 목격하면서 신비를 경험하고 이를 통해 자신의 삶이 구원받으리라는 희망을 발견했던 것과 마찬가지로, 독자는 소설이 주인공을 중심으로 잔인하거나 동정심을 유발하는 방식으로 펼쳐 보이는 상황과 사건의 전개를 따라가면서 어떤 식으로든 주인공의 운명에 참여하고 자신의 존재를 신비주의적인 차원 안으로 끌어들인다.

하지만 이러한 신비주의적 요소는 신화적 내용이나 종교적 관점에 전혀 구속되지 않는다. 신비로움은 어떻게 보면 바로 그런 이유에서, 예를 들어《여인의 초상》에 등장하는 이사벨 아처나《안나 카레니나》의 경우처럼 절망적인 것으로 나타날 수 있다. 또는 반대로《마담 보바리》

처럼 신비로움이 완전히 상실된 삶을 보여주는 것도 얼마든지 가능하다. 소설 속에서 신비주의에 접근하는 과정은 어떤 식으로든, 그것이 비록 보잘것없거나 삶 자체 또는 삶의 향유에 접근하기 위한 시도에 불과하더라도, 항상 주어지기 마련이다. 신비로움의 상실인 동시에 그것의 기념이며, 불의 공식과 공간의 소실이자 기억으로 존재하는 것이 소설의 본질 중 하나다. 오늘날 더욱더 빈번히 일어나는 현상이지만, 소설이 신비로움과의 관계에 대한 기억을 모호하다는 이유로 떨쳐버리고 계속해서 신비주의적 구원의 열악함과 불안함의 모든 흔적을 지워버리면서 더 이상 주문 따위는 필요 없다고 주장하거나 또는 최악의 경우 사적인 사건들을 산더미처럼 쌓아놓고 그 속에 신비로움을 묻어버린다면, 언젠가는 소설이라는 형식 자체도 불의 기억과 함께 사라지고 말 것이다.

신비로운 요소가 소진되면서 자취를 감추는 공간이 바로 '이야기story'다. 우리가 관심을 잃지 말고 끊임없이 고민해야 하는 문제는 하나의 동일한 용어가 인간사의 연대기적 퇴보뿐만 아니라 문학이 전달하는 내용을 가리킨다는 점, 즉 역사가의 이야기history뿐만 아니라 소설가의 이야기story를 동시에 의미한다는 사실이다. 우리는 하나의 이야기를 통해서만 신비에 도달할 수 있다. 이야기는 신비가 스스로의 불을 끄고 감춰놓은 공간과 일치한다.

1937년에 쓴 한 편지에서 숄렘은 카발라 학자로서의 경험을 토대로 이런 종류의 상관관계가 신비주의적 진실과 역사적 진실처럼 외관상 대립될 수밖에 없는 요인들을 연결한다는 점에 주목한 바 있다. 그는 '카발라의 역사'가 아니라 '카발라의 형이상학'에 대해 쓰고 싶었지만, 카발라라는 신비주의 전통의(카발라라는 말 자체가 '전통'을 의미한다) 핵심에 도달하는 일이 '역사라는 벽'을 통과하지 않고서는 불가능하다는 것을 곧장 깨달았다.

'산'(숄렘은 신비주의적 진실을 '산'이라고 부른다)의 해석은 어떤 열쇠를 필요로 하지 않아요. 단지 산을 에워싸고 있는 역사라고 하는 안개의 장막을 침투해 들어갈 필요가 있을 뿐입니다. 침투하기, 그것이 바로 제가 시도한 일입니다. 그래서 혹시라도 제가 안개 속에 갇히거나, 그로 인해 교수로서의 삶을 마감하는 일은 생기지 않겠지요? 역사비평과 비평적 역사관의 필요성은, 희생이 필요한 경우에도, 또 다른 무언가로 대체될 수 있는 성질의 것이 아닙니다. 물론, 역사는 결국 하나의 환영에 불과한 것으로 보일 수 있습니다. 하지만 그러한 환영 없이 현실이라는 시간의 흐름 속에서 사물들의 본질에 침투해 들어간다는 것은 불가능한 일입니다. 역사적 시간에 투영되자마자 자취를 감추기 시작하는 신비주의적 진실의 총체성은 오로지 정확한 해설과 문헌학적 비평의 거울을 통해서만 우리의 눈앞에 모습을 드러낼 수 있습니다. 제 연구는 처음이나 지금이나 바로 이러한 모순 속에서 진행되고 있습니다. 제 희망은 '산'에서 들려오는 진정한 전언을 발견하는 일, 진실이 '발전'이라는 환영에서 뛰쳐나올 수 있도록 허락해줄 역사의 '눈에 보이지 않는 최소한의 움직임'을 발견하는 일입니다.*

숄렘이 하나의 모순이라고 정의하고 있는 과제란 문헌학을, 그의 친구이자 스승인 발터 벤야민Walter Benjamin의 가르침을 따라, 하나의 신비주의 학문으로 탈바꿈시키

---

* 게르숌 게르하르트 숄렘, 《서간문Briefe》(München : Beck, 1994), 1권, 471쪽.

는 과제를 말한다. 모든 신비주의적 경험에서 일어나는 것과 마찬가지로, 이 경우에도 답답한 분위기의 문서보관소에 틀어박혀 희미한 기록들, 해독이 불가능한 수사본手寫本들, 까다로운 용어들과 함께 육체와 영혼을 문헌학적 탐구의 안개와 어둠 속에 가라앉힐 필요가 있다. 문헌학이라는 과제의 현실 속에서 (이것이 동반하는 직업적 한계 때문에) 길을 잃을 위험과, 발견하려는 신비주의적 요소를 시야에서 잃어버릴 위험은 이루 말할 수 없이 크다. 그러나 역사 속에서 자취를 감춘 성배聖杯처럼 학자는 문헌학적 탐구 과정 속에서 길을 잃을 줄 알아야 한다. 왜냐하면 학문적 방법론의 진지함을 유일하게 보장하는 것이 바로 이러한 방황이며, 학자의 방법론이란 사실상 신비주의적 경험과 다를 바 없기 때문이다.

역사를 탐구하는 일과 어떤 이야기를 들려주는 일이 사실상 동일한 행위라면, 작가 역시 하나의 모순된 과제를 가지고 있는 셈이다. 작가는 변함없는 자세로 오로지 문학, 즉 '불의 상실'만을 믿을 줄 알아야 하고 그가 인물들을 중심으로 구축하는 이야기 속에서 스스로를 망각할 줄 알아야 한다. 그런 대가를 치러야 가능한 일이지만, 망각의 바닥에서 사라진 신비가 뿜어내는 검은빛의 조각들을 식별해낼 수 있어야 한다.

불안정을 뜻하는 'precario(프레카리오)'라는 단어는 원래 기도를 뜻하는 'prex(프렉스)'를 통해, 즉 구걸을 통해 얻는다는 뜻을 가지고 있으며 'prex'는 'quaestio(퀘스티오)'와 달리 수단과 방법을 가리지 않고, 때로는 폭력적일 수도 있는 강요를 가리킨다. 바로 그런 의미에서 'precario'는 연약함과 모험심이라는 뜻을 동시에 내포하고 있다. 불안정하고 모험을 감수해야 하는 상황에 놓인 것이 바로 문학이다. 그래야만 신비와의 정당한 관계를 유지할 수 있기 때문이다. 고대 엘레우시스*의 신비주의 입문자처럼, 작가는 암흑과 그늘 속에서 지옥의 신과 천상의 신, 망각과 기억 사이에 가로놓인 오솔길을 따라 움직인다. 이 길에는 신비의 위치를 가리키는 일종의 이정표가 배치되어 있어

---

* (옮긴이) 엘레우시스Eleusis는 고대 그리스의 종교 중심지로 기원전 17세기부터 로마제국 시대까지 데메테르와 페르세포네에게 바치는 엘레우시스 비의秘儀가 이루어지던 곳이다. 엘레우시스 비의는 하데스가 데메테르로부터 페르세포네를 납치한 뒤 페르세포네가 승천하여 어머니 데메테르와 재회한다는 신화를 바탕으로 하며, 사후의 삶이 존재한다는 믿음으로 주기적으로 이루어졌다.

서 그에게 매번 불과의 거리를 가늠할 수 있도록 허락해 준다. 이 이정표는 다름 아닌 언어다. '글'과 '불'을 분리하는 틈새와 단절이 위로받을 수 없는 상처로 드러나는 것이 바로 이 언어를 통해서다. 신비의 망각이 언어를 할퀴면서 만들어내는 이 상처를 우리는 문학 장르라고 부른다. 비극, 애가, 송가, 희극 등은 언어가 '불'과 더 이상 소통할 수 없음을 한탄하며 눈물을 흘리는 방식에 지나지 않는다. 이러한 상처를 오늘날의 작가들은 발견할 줄 모른다. 장님이나 귀머거리처럼 걸으면서 현대 작가들은 언어의 심연에서 들려오는 신음 소리를 듣지 못하고 언어를 하나의 순수한 도구로 사용할 수 있다고 믿는다. 불을 어떻게 피워야 하는지, 어떤 주문을 외워야 하는지 물으며 중얼거리는 목소리를, 상처의 이유를 물으며 복수를 다짐하는 회환의 목소리를 이들은 듣지 못한다. 글을 쓴다는 것은 언어를 응시한다는 것을 의미한다. 스스로의 언어를 관찰할 줄 모르고 사랑하기만 하는 사람, 자신의 언어 속에 숨어 있는 애가를 참을성 있게 읽지 못하고 깊은 곳에서 울려 퍼지는 송가를 들을 줄 모르는 사람은 작가라고 할 수 없다.

불과 글, 신비와 서사는 문학이 포기할 수 없는 요소들이다. 하지만 어떻게 한 요소의 실체가 다른 요소의 상실을 반박할 수 없는 방식으로 증명하고 부재를 증언하면서 그것의 그림자와 추억을 필연적으로 상기시키는가? 글이 있는 곳에 불은 꺼져 있고 신비가 있는 곳에 서사는 존재하지 않는다.

이 불가능한 과제 앞에 선 예술가의 상황을 단테Aligh-ieri Dante는 다음과 같은 문장으로 표현한 바 있다. "예술가는 예술의 옷을 입었지만 떨리는 손을 가졌다"(《신곡》,〈천국편〉, 13곡 77~78절). 작가의 언어는 예술가의 떨리는 손처럼 극적인 긴장, 양식과 필력 사이에 감도는 긴장의 공간이다. '예술의 옷'은 바로 양식, 즉 스스로의 창조 도구에 대한 작가의 완벽한 통달을 의미한다. 이 양식 속에 '불의 부재'는 단호한 원리로 확립되어 있다. 모든 것이 작품 속에 들어 있고 부족한 것이 있을 수 없기 때문이다. 그 안에서 신비로움은 찾아볼 수 없고 존재한 적도 없어 보인다. 모든 것이 '지금 이곳에' 영원히 드러나 있기 때문이다. 하지만 이 완강함 속에서도 가끔은 전율이 일고 무언가의 은밀한 흔들림을 통해 양식이 느닷없이 밖으로 흘러넘치기 시작한다. 더듬거리는 말과 함께 분위기가 퇴색하고 모든 것이 엉키면서 밖으로 흘러넘친다. 이 전율이 바로 필력이다. '예술의 옷'을 벗어 내려놓는 순간 다시 한 번 불의 부재와 과잉을 동시에 증명해 보이는 것이 필력이다. 진정한 작가, 진정한 예술가는 항상 양식과 거리를 유지하는 필력과 필력으로 녹아든 양식을 지니고 있다. 동일한 방식으로, 신비는 이야기의 줄거리를 분해하고 느슨하게 만드는 반면 불은 이야기가 담긴 책을 일그러뜨리고 소모한다.

헨리 제임스Henry James는 자신의 소설이 탄생하는 경로에 대해 아래와 같은 방식으로 설명한 적이 있다. 처음에는 그가 '사용 가능한 이미지'라고 부르는 것이 있을 뿐이다. 이는 결정된 것은 아무것도 없는 상태의 남자 또는 여자 주인공의 모습이 간헐적으로 등장하는 상황과 비슷하다. 저자는 '사용 가능한' 인물들을 중심으로 운명적인 상황과 인간관계와 만남과 사건들을 설정하고 이를 바탕으로 이들이 '가장 적절한 방식으로 모습을 드러내도록', 다시 말해 정체성을 갖추도록 이끌면서, 결과적으로 '이들이 가장 잘 느끼거나 소화해낼 수 있는 복잡한 상황'의 '주인공들'을 만들어낸다.

그의 이야기는 이런 식으로 이들의 성공과 실패, 구원과 저주에 대해 말하면서 인물들의 정체를 드러내고 동시에 이들을 하나의 운명 속에 가둠으로써 이들의 삶을 하나의 비화로 구축한다. 이야기가 인물들의 정체를 '밖으로 드러내는' 것은 이들을 하나의 줄거리 속에 가두기 위해서다. 결국 최초의 이미지는 신비로움을 잃고 더 이상 '사용'이 불가능한 것으로 남는다. 그것은 이제 사라질 수 있을 뿐이다.

이와 유사한 상황이 인간의 삶 속에서도 벌어진다. 인생 역시 처음에는 수많은 가능성을 가지고 출발하지만 퇴보를 멈출 수 없는 존재의 한계 속에서 천천히 삶의 신비로움을 잃고 불꽃을 하나하나씩 꺼뜨린다. 인간의 삶 역시 결국에는 하나의 이야기로만, 다른 모든 종류의 이야기들처럼 아무런 비밀도 없고 무의미한 이야기로 남는다. 하지만 어느 날(어쩌면 생이 막을 내리기 전날), 잠시나마 삶의 신비를 되찾고 실망을 단숨에 씻어버릴 수 있는 순간이 도래할지 모른다. 그 순간이 다가오면 이제 잃었던 신비로움은 정말 돌이킬 수 없이 신비로운 것으로, 절대적으로 사용 불가능한 것으로 드러난다. 글을 통해서만 전해질 수 있는 불, 하나의 이야기 속에 완전히 녹아든 신비는 이제 우리의 말을 빼앗고 스스로를 가두면서 한 점의 이미지로 변신한다.

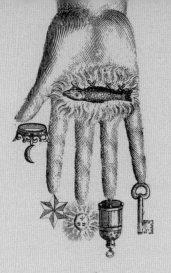

Mysterium burocraticum

관료주의적 신비

죄와 벌의 신비는 언어의 신비와 일치한다. 인간이 감수하는 벌뿐만 아니라 4만 년 전 부터(즉 인간이 말을 하기 시작한 이후로) 인간 을 상대로 끊임없이 진행되어온 재판 또한 사실은 말 자체에 지나지 않는다. '이름을 취한다'는 것, 스스로와 사물들의 이름을 밝 힌다는 것은 스스로와 사물들을 알고 지배 한다는 것을 의미하지만 동시에 죄와 벌의 구속력에 종속된다는 것을 의미한다. 그런 차원에서, 지상의 모든 법률 조항들 가운데 최후의 법령은 이런 식으로 울려 퍼지게 될 것이다. "언어가 곧 형벌이다. 언어 속으로 모든 것들이 돌아가야 하고 그 안에서 모든 것이 죄의 분량에 따라 쇠해야 한다."

아마도 예루살렘에서 열린 아이히만Otto Adolf Eichmann 의 재판처럼 죄의 신비와 벌의 신비 사이에 존재하는 은밀하고 고백하기 힘든 연관성이 도드라지게 드러난 사건은 세상 어느 곳에서도 찾아보기 힘들 것이다. 한편에는 유리감옥에 갇혀 자신이 사용하던 사무실의 번호들을 집요하게 열거하거나 또는 숫자나 약칭과 관련된 부정확한 기소 내용을 수정할 때만 마치 자기 집에서처럼 편안한 자세로 숨을 고르는 죄수가 있고, 다른 한편에는 그를 바라보며 딱딱하게 굳은 얼굴로 피고 못지않은 집요함을 과시하며 그를 위협하기 위해 자신이 모은 자료들을 관료다운 독백으로 끝없이 제시하는 검사가 있다.

여기서 우리는, 이들이 나누는 비극적인 대화의 액자나 다를 바 없는 천장의 그로테스크 외에도, 또 하나의 신비로운 요소를 발견하게 된다. 그것은 바로 아이히만이 베를린에서 사용하던 사무실 IV-B4가 그의 재판이 진행되고 있는 이스라엘 대법원의 법정과 정확하게 상응한다는 사실, 어떤 의미에서는 동일한 공간으로도 볼 수 있다는 사실이다. 같은 차원에서, 심문을 맡은 검사 하우스너Gideon Hausner 역시 아이히만(검사와 피고를 연결하는 신비의 저편에 존재했던 바로 그 아이히만)과 정확하게 상응하는 인물로 등장한다. 그리고 두 사람 모두 이러한 사실을 의식하고 있는 듯이 보인다. 이제 이 재판이 하나의 '신비'라면, 이 위로받을 수 없는 신비는 다름 아닌 이들의 제스처와 행위와 말들의 복잡한 그물망 안으로 죄와 벌을 모두 끌어당긴다.

하지만 이 신비는 세속 비화가 안고 있는 '구원'의 신비도, 오툉의 호노리우스Honorius d'Autun가 "신과 그의 백성 간에 벌어지는 재판"이라고 정의했던 미사라는 예식이 품고 있는 '속죄'의 신비도 아니다. 이스라엘 대법원이 기념하는 신비는 구원도 속죄도 알지 못한다. 결과와 상관없이 이 재판은 그 자체로 하나의 형벌이다. 유죄 판결은 이를 연장하거나 인가할 수 있을 뿐이며 무죄 판결 역시 어떤 식으로든 이 형벌을 무효화하지 못한다. 왜냐하면 무죄 판결의 경우에도 판결문은 단지 사건의 명백하지 못함non liquet을 규명하거나 판결을 내리기 위한 기준의 불충분함을 선언하는 것에 불과하기 때문이다. 쩔쩔매는 변호인 세르바티우스Robert Servatius와 아이히만, 심각한 분위기의 검사 하우저와 판사들 모두 검은 망토 안에 몸을 숨기고 현대인이 유일하게 접근할 수 있는 '신비'를 실행에 옮기는 논쟁자들에 지나지 않는다. 이 신비는 악의 신비라기보다는(통속적 차원에서든 근본적 차원에서든 악은 결코 신비로 주어질 수 없으며 단지 신비로운 모습을 취할 뿐이다) 죄와 벌의 신비, 또는 우리가 '판결'이라는 이름으로 부르는, 죄와 벌의 결정지을 수 없는 '연관성'의 신비와 일치한다.

아이히만이 평범한 인간이었다는 점은 널리 알려진 사실이다. 따라서 검사 측이 어떤 식으로든 잔인한 살인마임을 증명해 보이려고 노력하는 전직 경찰 간부가 실제로는 본받을 만한 아버지이자 훌륭한 시민이었다고 해도 그다지 놀랄 일은 못 된다. 중요한 것은 오히려 오늘날 평범한 인간의 정신세계가 윤리적 차원에서 해결 불가능한 문제들을 구축한다는 사실이다. 도스토옙스키Fyodor

Mikhailovich Dostoevsky와 니체Friedrich Wilhelm Nietzsch가 신이 죽었다고 믿었을 때 이들이 확신했던 결과는 인간이 결국 괴물로 변하거나 불명예스러운 존재가 될 것이며 극악무도한 범죄를 어느 누구도 거부하지 못하는 상황이 도래하리라는 것이었다. 이들의 예언은 전혀 근거가 없는 것으로, 동시에 어떤 의미에서는 아주 정확했던 것으로 드러났다. 겉으로는 지극히 정상적으로 보이는 청소년들이 학교에서 총기로 친구들을 난사하는 사건이 벌어지기도 하고 대도시 주변에는 항상 범죄자와 살인자 들이 존재하기 마련이다. 하지만 이들의 존재는 언제나 그래왔듯이, 좀 더 늘어날지도 모르는 예외이지 규칙은 아니다. 평범한 인간은 신에게서 커다란 어려움 없이 살아남았고 예상과는 달리 지금은 법과 관행을 존중하고 본능적으로 수호하려는 성향뿐만 아니라 법과 관행의 즉각적인 확립을 누구보다도 적극적으로 요구할 태세를 갖추고 있다. 평범한 인간은 "신이 죽었다면, 모든 것이 가능하다"라는 예언도 자신과는 아무런 상관이 없다는 듯 행동하며 종교의 위로 없이 계속해서 안정적으로 살아간다. 삶의 형이상학적 의미가 사라졌다는 사실을 체념과 함께 받아들이는 그는 기본적으로 삶에 대한 어떤 환상도 가지고 있지 않은 것처럼 보인다.

여기서 우리는 이 평범한 인간의 영웅적인 면을 발견할 수 있다. 다시 말해 그는 일종의 신비주의 의례를 일상적으로 실천하는 인간이다. 신비주의자가 '암흑의 밤' 속으로 들어가기 전에 청각, 시각, 촉각 등 모든 감각을 둔탁하게 만들고 기억과 지성과 의지 같은 영혼의 도구들을 하나둘씩 내려놓는 것과 마찬가지로 현대 도시인은 이 모든 것은 물론 인간의 삶을 결정짓고 살 만한 것으로 만들던 모든 특징과 요소를, 거의 산만한 방식으로, 내려놓는다. 그렇다고 해서 그가 신의 사망과 함께 등장한 두 형태의 인간, 도스토옙스키의 지하생활자와 니체의 초인을 특징짓는 파토스를 필요로 하는 것은 아니다. 이 두 예언자들에게 마음의 평화를 기원하며, '신의 존재 여부와는 무관하게' 살아가는 것이 그에게는(물론 그가 선택한 것이 아니지만) 지극히 당연한 해결책이다. 대도시의 삶이 무한한 탈주체화의 도구, 저렴한 가격의 무의식적 희열과 함께 제공하는 일상의 틀이 그에게는, 적어도 지금으로서는, 완벽하고 충분한 것으로 남아 있다.

이 근사치적인 존재, 더 이상 아무런 과제도 부여할 수 없는 이 영웅에게 바로 가장 험난한 시험, 죄와 벌의 관료주의적 신비mysterium burocraticum라는 시험이 마련되어 있다. 이 신비는 그를 위해 만들어졌으며 그를 통해서만 관행으로서의 목적을 달성할 수 있다. 평범한 인간은 아이히만처럼 재판을 통해 자신의 영광이 잔인하게 드러나는 순간, 그의 어두운 존재가 드디어 존재의 초월적 의미를 획득하는 유일한 순간을 맞이한다. 정확하게 벤야민이 말하는 종교로서의 자본주의에서처럼, 문제가 되는 것은 구원도 속죄도 없는 신비다. 그 안에서 죄와 벌은 인간의 존재 속에 고스란히 체화된 것으로 나타나고, 신비는 반대로 인간에게 어떤 초월적인 지평이나 이해 가능한 어떤 의미도 제시하거나 부여하지 못한다. 신비는 포착 불가능한 제스처와 고유의 과정과 비밀스러운 공식으로 존재할 뿐이지만 이제는 인간의 삶과 너무 가깝게 밀착되어 있어서 삶 자체와 구별할 수 없는 지경에 이르렀고, 결과적으로 초월적인 것에 대한 어떤 어렴풋한 인식도, 어떤 종류의 정의 실현도 허락하지 않는다.

트레블링카 나치 수용소의 책임자였던 프란츠 슈탕글

Franz Stangl이 끝내는 자신이 무죄라고 선언할 수 있었던 것도 바로 이 잔인한 내재성에 대한 인식, 또는 예감 때문이었을 것이다. 아울러 자신의 죄는, 어쨌든 죄를 인정하면서, 단순히 그곳에 있었던 것뿐이라고 그는 설명한다. "내가 저지른 일에 대해 나는 양심의 가책을 느끼지 않습니다……. 나는 그저 그곳에 있었을 뿐입니다."

죄와 벌을 하나로 묶는 구속력을 가리키기 위해 로마인들은 'nexus(넥수스)'라는 용어를 사용했다. 'Nectere(넥테레)'는 '묶다'라는 뜻이며 'nexus'는 '매듭', 즉 만인 앞에서 선언하는 사람에게 가해지는 구속력을 뜻한다. 고대 로마의 12표법에서 이 '매듭'을 규정하는 문구, "Cum nexum faciet mancipiumque, uti lingua nuncupassit, ita ius esto"는 누군가가 채무 계약이나 재산 양도를 말로 선언하면, 그대로 법적 구속을 받게 된다는 뜻이다. 선언하는 사람의 말은 곧 법적 효력의 발생과 일치하며 그런 식으로 법을 언급하는 사람에게는 의무가 발생하고 이를 이행하지 못할 경우 대가(죄의 대가)를 치러야 한다는 의미에서 그는 자신이 한 말에 구속된다. 'Nuncupare(눙쿠파레)'는 문자 그대로 'nomen capere, 이름을 취하다'라는 뜻이며, 마찬가지로 'mancipium(망키피움)'은 사거나 팔 물건을 'manu capere, 손으로 취하는' 행위를 가리킨다. 이름을 취하고 약속의 말을 천명한 사람은 자신이 한 말을 어기거나 말의 효력을 실추시킬 수 없다. 자신의 말에 구속된 이상 그는 말을 지켜야 할 의무를 지닌다.

이러한 관계를 자세히 살펴보면 죄와 벌을 연결하는 것이 다름 아닌 언어라는 것을 깨닫게 된다. 일단 선언한 말을 다시 돌이킬 수 없다는 특징은, 어떤 이유와 경로를 통해서인지는 모르지만 어느 날 말을 하기 시작한 인간이 말을 통해 언어적 존재가 되었다는 사실을 부인할 수 없는 것과 일맥상통한다. 죄와 벌의 신비는 다시 말해 언어의 신비와 일치한다. 인간이 감수하는 벌뿐만 아니라 4만 년 전부터(즉 인간이 말을 하기 시작한 이후로) 인간을 상대로 끊임없이 진행되어온 재판 또한 사실은 말 자체에 지나지 않는다. '이름을 취한다'는 것, 스스로와 사물들의 이름을 밝힌다는 것은 스스로와 사물들을 알고 지배한다는 것을 의미하지만 동시에 죄와 벌의 구속력에 종속된다는 것을 의미한다. 그런 차원에서, 지상의 모든 법률 조항들 가운데 최후의 법령은 이런 식으로 울려 퍼지게 될 것이다. "언어가 곧 형벌이다. 언어 속으로 모든 것들이 돌아가야 하고 그 안에서 모든 것이 죄의 분량에 따라 쇠해야 한다."

그렇다면 관료주의적 신비란 인류의 진화에 대한 극단적 형태의 기억, 살아 있는 사람이 말을 시작하고 인간이 되고 언어에 종속되는 까마득한 과정의 기억일 것이다. 그런 이유에서 이 신비는 평범한 인간뿐만 아니라 시인과 연관되며, 박식한 사람뿐만 아니라 무지한 사람, 피해자와 가해자 모두와 연관이 있다. 그런 차원에서 재판은 항상 진행 중이라고 봐야 한다. 왜냐하면 인간이 인간적으로 변한 뒤에 비인간적으로 남는 일을, 인간적인 차원에 들어섰다가 벗어나는 일을 결코 그만두지 못하기 때문이다. 스스로 죄를 뒤집어쓰면서 결백을 주장하고, 아이히만처럼 만인 앞에서 죽을 준비가 되어 있다고 선언하면서도 어쨌든 스스로는 법 앞에서 무고하다고 주장하는 일을 그만두지 않는 것이 인간이다. 결국 인간이 이러한 신비의 본질, 언어와 죄의 신비를 이해하지 못하는 한, 즉 인간이라는, 사실상 인간적이면서도 아직은 인간적이지 못한 존재의 신비, 동물적인 또는 더 이상 동물적이지 않은 존재로서의 신비에 대해 깨닫지 못하는 한, 그가 판사이면서 동시에 죄수로 등장하는 재판의 판결문은 결국 증거가 충분히 명백하지 못하다는 말을 끊임없이 반복해야 할 것이다.

Parabola e Regno

비유와 왕국

우리가 언어 속에서 살아간다는 것을 이해하는 일은 말들의 의미, 말들의 모든 모호함과 미묘함을 파악하는 것과는 거리가 멀다. 그보다 중요한 것은 오히려 왕국, 즉 하늘 나라의 근접성과 세상과 왕국의 유사성을 깨닫는 일이며, 하늘 나라가 우리의 눈으로는 알아보기 힘들 정도로 세상과 너무 가깝고 비슷하다는 것을 알아차리는 일이다. 왕국의 근접성은 하나의 요구이며 세상과 왕국의 유사성은 우리가 결코 간과할 수 없는 특징이다. 말이 우리에게 비유로 주어진 것은 사물로부터 멀어지는 대신 좀 더 가까운 곳에 머물기 위해, 예를 들어 우리가 어떤 사람의 얼굴에서 닮은 점을 발견하거나 누군가의 손이 우리를 스치고 지나갈 때처럼, 좀 더 가까이 머물기 위해서다.

복음서에서 예수는 빈번히 비유를 들어 말한다. 너무 빈번한 나머지 결국에는 주님이 습관적으로 사용하는 'parabola, 비유'라는 단어에서 'parlare, 말하다'라는 동사가 유래했을 정도다. 'parlare'는 고전 라틴어에서는 전례를 찾아볼 수 없는 동사로 'parabolare', 다시 말해 "비유를 들지 않고는 아무것도 말씀하지 않는choris paraboles ouden elalei"(〈마태오 복음서〉 13장 34절) 예수처럼 말한다는 뜻의 '비유하다'라는 동사에서 유래했다. 예수가 사용하는 여러 가지 비유의 핵심은 '하늘 나라에 관한 말씀logos tes basileias'에 있다. 〈마태오 복음서〉 13장 3~52절에서 예수는 제자와 신도들에게 하늘 나라를 어떻게 이해해야 하는지 설명하기 위해 무려 여덟 가지에 달하는 비유를, 즉 씨 뿌리는 자, 가라지, 겨자씨, 누룩, 감춰진 보화, 값진 진주, 그물, 율법 학자의 비유를 인용한다. 여기서 하늘 나라, 즉 왕국과 비유는 아주 긴밀하고 지속적인 관계를 유지하고 있는 것으로 보인다. 이러한 관계에 주목한 신학자 에버하르트 융엘Eberhard Jügel에 따르면, "왕국basileia은 비유 속에서 하나의 비유로 표현된다. 예수의 비유는 하느님의 왕국을 하나의 비유로 표현한다."*

비유는 유사類似의 형식을 취한다. "하늘 나라는 겨자씨에 비길homoia 수 있다…하늘 나라는 사람에 비유할 homoiothe 수 있다…"("하느님의 나라는 땅에 씨앗을 뿌리는 사람과 마찬가지다." 〈마르코 복음서〉 4장 26절). 예수의 비유는 다시 말해 지상의 '지금 이곳에' 있는 무언가와 하늘의 왕국 간에 유사성이 존재한다는 사실을 정립한다. 이는 왕국의 경험이 유사성의 인식을 통해 이루어지며, 이러한 유사성에 대한 인식 없이 왕국을 이해한다는 것은 인간에게 불가능함을 의미한다. 이런 식으로 분명해지는 것이 바로 왕국과 비유의 밀접한 연관성이다. 이 비유들이 하늘의 왕국을 하나의 비유처럼 표현하는 것은 무엇보다도 '왕국'이

---

* 에버하르트 융엘, 《바울과 예수, 그리스도론의 기원Paolo e Gesú. Alle origini della cristologia》, R. Bazzano 옮김(Brescia : Paideia, 1978), 167쪽.

이러한 유사성의 '실상'과 '인식'을 의미하기 때문이다. 왕국은 곧 한 여인이 밀가루 서 말 속에 집어넣는 누룩과의 유사성, 한 남자가 밭에서 찾아낸 보물과의 유사성, 바다에서 온갖 종류의 물고기를 끌어올리는 그물과의 유사성, 무엇보다도 씨 뿌리는 자와의 유사성에 대한 인식과 일치한다.

예수가 자신이 비유로 이야기하는 이유에 대해 제시하는 설명 자체는 하나의 수수께끼에 가깝다. 〈마태오 복음서〉 13장 10~17절에서, 왜 신도들에게 비유로 말하는지 제자들이 묻자 예수는 이렇게 대답한다.

너희에게는 하늘나라의 신비를 알 수 있는 특권이 주어졌지만 다른 사람들에게는 주어지지 않았다. 가진 사람은 더 넉넉하게 되고 못 가진 사람은 가진 것마저 빼앗기는 것과 마찬가지다. 내가 그들에게 비유로 말하는 이유도 그들이 보아도 보지 못하고 들어도 듣지 못하고 깨닫지도 못하기 때문이다.

하지만 예수가 곧이어 씨 뿌리는 자의 비유에 대해 설명을 시작하는 것으로 보아 사실은 제자들도 하늘 나라의 신비를 이해하지 못하고 있었던 것으로 보인다.

〈루카 복음서〉 8장 9~16절을 살펴보면, 예수는 자신이 비유로 말하는 이유를 조금 다르게 설명한다. 하늘 나라의 신비를 알 수 있는 특권이 제자들에게 주어졌다는 사실을 상기시킨 뒤에 예수는 비유로 말하는 이유가 듣는 사람이 "보아도 알아보지 못하고 들어도 깨닫지 못하게 하려는 것"이라고 말한다. 이어서 예수는 이와는 명백하게 모순되는 말을 덧붙인다. "아무도 등불을 켜서 그릇으로 덮거나 침상 밑에 놓지 않는다. (⋯) 숨겨둔 것은 드러나고 감춰진 것은 훤히 나타나기 마련이다." 수사학적 차원에서 고대인들에게 비유는 내용을 알면 안 되는 사람들이 쉽게 이해하지 못하도록 암호화된 이야기에 가까웠지만 동시에 비밀을 오히려 만천하에 드러내는 것이기도 했다. 따라서 예수가 비유로 이야기하는 이유에 대해 내놓는 설명 자체가 하나의 비유이며 씨 뿌리는 자의 비유에 대한 일종의 서문일 가능성이 높아 보인다("이제, 너희는 씨 뿌리는 사람의 비유를 들어보아라⋯").

예수는 유사한 것으로 비유된 왕국과 세상의 연관성이 일종의 근접성이라고 말하면서 누구나 쉽게 이해할 수 있는 "하늘 나라가 가까이 왔다$_{eggiken}$"(〈마태오 복음서〉 3장 2절, 10장 7절, 〈마르코 복음서〉 1장 15절, 〈루카 복음서〉 10장 9절)라는 표현을 사용한다. 동사 'eggizo(엑기조)'의 기원이 되는 '가깝다'는 뜻의 'eggys(엑기스)'는 '손'을 뜻하는 용어에서 유래한 것이 거의 확실해 보인다. 즉 하늘 나라가 가까이 왔다는 말은 단순히 시간적 차원의(시간의 끝과 일치하는 종말론적 사건의 다가옴이라는 뜻에서) 가까움뿐만 아니라 동시에, 무엇보다도, 공간적 차원의 근접성을 표현한다. 다시 말해 하늘 나라가 가까이 왔다는 말은 하늘 나라가 '손이 닿는 곳에 있다'는 뜻이다. 이는 당연히 마지막에 등장해야 할 하늘의 왕국이 본질적으로는 '가까이' 있으며 마지막이 오기 이전의 것들과 가까이 있고, 비유에서처럼 그것들과 닮았다는 것을 의미한다. 왕국이 무언가와 닮았다면 그것은 동시에 무언가와 가깝다는 것을 의미한다. '최후'는 무언가와 가깝고 닮은 형태를 지닌다.

왕국의 근접성이 지니는 특별함은 현재와 미래가 혼

동되는 독특한 상황에서도 나타난다. 복이 있는 사람들 가운데, 애통하는 자는 복이 있어서 위로를 받을 것이며, 온유한 자는 복이 있어서 땅을 물려받을 것이며, 의에 주리고 목마른 자는 복이 있어서 배부를 것이며, 마음이 청결한 자는 복이 있어서 하느님을 뵙게 될 것이지만, 심령이 가난한 자와 의를 위해 박해를 받은 자가 복이 있는 것은 "하늘 나라가 그들의 것이기 때문"이라는 설명에 주목할 필요가 있다. 여기서 우리는 하늘 나라라는 표현이 현재형을 요구한다는 느낌, 즉 우리는 왕국이 미래에 도래해야 할 것으로 믿지만 사실은 현재형을 필요로 한다는 느낌을 받는다. 〈루카 복음서〉 11장 20절에서 예수는 분명하게 "하느님의 나라는 이미 너희에게 와 있다"(아오리스트aorist* 시제의 '도래하다ephthasen'가 사건의 정확한 발생을 표현하고 있다)라고 말한다. 아울러 〈마르코 복음서〉 14장 25절에서 우리는 당연히 미래형이 와야 할 것처럼 보이는 곳에 오히려 현재형

---

* (옮긴이) 아오리스트는, 이미 일어난 일을 언급하는 직설법의 경우를 제외하면, 시간의 흐름이나 명확한 시점을 밝히지 않고 어떤 행위나 상태 자체를 포괄적으로 가리키는 동사 시제로 일시적이고 정확한 한 순간에 일어나는 행위의 측면을 강조한다.

이 사용되는 것을 발견할 수 있다("내가 진실로 너희에게 말한다. 내가 하느님 나라에서 새 포도주를 마실 그날까지, 포도나무 열매로 빚은 것을 결코 다시는 마시지 않겠다"). 아마도 시제 사이에 놓인 이러한 전적인 방관의 벽이 보다 분명한 방식으로 드러나는 곳은 〈루카 복음서〉 17장 20~21절일 것이다. 하느님의 왕국이 언제 도래하는지 묻는 바리사이들의 질문에 예수는 이렇게 대답한다. "하느님의 왕국은 눈에 보이는 방식으로는 도래하지 않는다. 또 '보아라, 여기 있다' 또는 '저기 있다'고 말할 수 있는 것도 아니다. 하느님의 왕국은 바로 너희의 손이 닿는 곳에 있다"(이것이 바로 'Entos ymon, 너희 가운데'가 의미하는 바다. 'Entos ymon'은 '너희 안에'를 뜻하지 않는다). 왕국의 현존은(관건은 현존이므로) 근접성의 형태를, 즉 가까이 있는 무언가의 형태를 지닌다(〈마태오 복음서〉 6장 10절, 주기도문의 문장 "당신의 나라가 오게 하시며eltheto"는 시제의 이러한 표면적인 혼돈을 어떤 식으로든 피하지 못한다. 명령형은 실제로, 방브니스트Émile Ben-veniste가 주목했던 것처럼, 어떤 시간적인 성격도 지니지 않는다).

다름 아닌 근접성의 형태를 지니기 때문에 왕국의 현

존은 비유 속에서 가장 적절한 표현을 발견한다. 비유와 왕국 간의 이 특별한 관계를 주제로 다루는 것이 바로 씨 뿌리는 자의 비유다. 이 비유에 대해 설명하면서(〈마태오 복음서〉 13장 18~23절) 예수는 씨앗이 하늘 나라의 말씀 logos tes basileias에(〈마르코 복음서〉 4장 14절에는 "씨 뿌리는 사람은 실상 말씀logos을 뿌리는 것이다"라고 분명하게 적혀 있다) 상응한다고 말한다. 길바닥에 떨어진 씨앗은 '하늘 나라의 말씀을 듣기는 하지만 이해하지 못하는 사람'을 가리키며, 돌밭에 떨어진 씨앗은 '말씀을 듣고 기꺼이 받아들이지만 마음속에 뿌리가 내리지 않아 오래가지 못하고 말씀 때문에 환난이나 박해를 당하게 되면 곧 걸려 넘어지는 사람'을, 가시덤불 속에 떨어진 씨앗은 '말씀을 듣기는 하지만 세상 걱정이 말씀을 가로막아 열매를 맺지 못하는 사람'을 가리킨다. '하지만 좋은 땅에 떨어진 씨앗은 말씀을 듣고 잘 이해하는 사람을 가리킨다.'

여기서 예수의 비유가 직접적으로 다루는 것은 하늘 나라가 아니라 '하늘 나라의 말씀', 즉 예수가 여기서 선포하고 있는 말씀 자체다. 다시 말해, 씨 뿌리는 자의 비유는 비유에 대한 비유이며, 이 비유 속에서 하늘 나라에 들어갈 수 있는 자격은 비유의 이해와 동일시된다.

　바로 오리게네스Origenes가 발견했던 것 가운데 가장 놀라운 것이 하늘 나라가 비유의 이해에 상응한다는 것이 었다. 근대 해석학의 아버지이자 교회가 항상 선인 중에 선인, 동시에 악한 중에 악한으로 평가해온 오리게네스는 한 유대인에게 전해 들은 다음과 같은 비유를 인용한다.

　성서는 그 내용의 어두운 요소들 때문에, 수많은 방들을 열쇠로 잠가놓은 어떤 궁전의 상황과 닮았다고 할 수 있다. 잠긴 방문에는 열쇠가 꽂혀 있지만 맞는 열쇠가 아니다. 모든 열쇠들이 그런 식으로 뿔뿔이 흩어져 있어서 결국에는 어떤 열쇠도 꽂혀 있는 방문을 열지 못한다.*

　다윗이 손에 쥐고 "열면 닫을 사람이 없고 닫으면 열 사람이 없으리라"(〈이사야서〉 22장 22절)라고 말하는 열쇠는 성서의 해석뿐만 아니라 천국 입성을 가능하게 하는

---

* 오리게네스, 《자애록 1~20. 성서에 관하여*Philocalie 1~20. Sur les écritures*》 [Paris : Les Éditions du Cerf("Sources Chretiennes", 302), 1983], 244쪽.

요인이다.* 오리게네스는 예수가 바로 그런 차원에서 성서의 올바른 해석을 방해하는 율법 학자들을 향해 일침을 가했다고 보았다. "율법 학자들과 바리사이파 사람들아, 너희 같은 위선자들은 화를 입을 것이다. 너희는 하늘 나라의 문을 닫아놓고 들어가려 하는 사람들을 들어가지 못하게 막는다"(〈마태오 복음서〉 23장 13절). 오리게네스가 발견한 내용이 보다 분명하게 설명되는 곳은 하늘의 왕국에 대한 일련의 비유들 가운데 마지막으로 등장하는 "하늘 나라의 제자가 된 율법 학자"(〈마태오 복음서〉 13장 52절)의 비유를 해석하는 부분이다. 이 율법 학자는 바로,

문자 그대로의 의미를 통해dia tou grammatos(문자를 통해) 성서에 접근한 뒤 이른바 하늘의 왕국이라고 불리는 영적 의미epi ta pneumatika를 향해 일어서는 자를 말한다. 우리가 높은 곳을 향해 올라가며 깨닫고 비교하고 설명하는 모든 개념들을 통해 하늘의 왕국을 이해하는 것이 가능하다. 그런 식으로, 그릇되지 않은 앎을 풍부하게 소유하고 있는 사람

---

* 같은 책, 240쪽.

은 하늘로 간주되는 완전한 왕국에 머물게 된다.*

비유의 의미를 이해하는 일은 곧 하늘 나라의 문을 여
는 일과 일치한다. 하지만 열쇠가 뒤바뀌는 순간부터 비유
는 세상에서 가장 이해하기 어려운 것으로 남는다.

횔덜린Johann Christian Friedrich Höderlin은 왕국의 도래에
대한 경험과 씨 뿌리는 자의 비유를 주제로 시를 쓴 적이
있다. 4개의 상이한 판본이 존재하는 〈파트모스Patmos〉라
는 시는 분명히 그리스도론적인 맥락에서 해석되어야 할
내용을 담고 있다. 여기서 대두되는 문제가 하늘 나라의
근접성과 동시에 하늘 나라에 들어가기가 결코 쉽지 않다
는 문제라는 점은 초고의 서두에 나타난다. "가까우면서 /
이해하기 어려운 존재가 신이다." 그리고 이 어려움 속에
서 주목해야 할 것은 다름 아닌 구원이다. "위험이 도사리
는 곳에서 / 동시에 구원이 자라난다."

뒤이어 등장하는 "암흑Finstern"이라는 표현은 이어서

---

* 오리게네스, 〈마태오 복음서〉 주석, 《그리스도교 고문서Vetera Christianorum》
22권(1985), 183쪽.

횔덜린이 "저 너머에, 가장 확실한 뜻을 가지고 / 다녀올 수 있는 날개"를 간구하는 만큼 성서와 결코 무관하다고 할 수 없다. 씨 뿌리는 사람의 비유가 갑작스레 등장하는 이유도 실제로는 신약 성서의 맥락에서만 설명될 수 있다. 한때 신의 곁에 가까이 머물렀던 이들, 그리고 이어서 그를 기억하며 살아가던 이들은 이제 그가 남긴 말의 의미를 상실하고 말았다.

> 서로에게 영원한 수수께끼가 되어
> 더 이상 서로를 이해하지 못하고
> (…) 드높은 곳에 계신 분까지도
> 저 위에서 얼굴을 돌리신다.
> 하늘에서도 푸른 지상에서도
> 불멸하는 것은 아무것도 발견하지
> 못하기 때문이니.

이어서 횔덜린은 근심 가운데 "이것은 도대체 무엇인가?"라고 묻는다. 일관성을 잃지 않고 그가 이 질문에 대한 정답으로 제시하는 것이 바로 기억 속에서 사라진 뒤

더 이상 이해할 수 없는 것으로 남은 "하늘 나라의 말씀"에 대한 비유다.

> 씨 뿌리는 자의 모습은
> 가래로 씨를 취해
> 흔들어 뿌리는 것이니

하지만 이 비유의 해석은 이어서 독특한 방식으로 전복된다. 횔덜린은 씨앗이 사라지고 하늘 나라의 말씀이 열매를 맺지 못하는 것은 사실 나쁜 일이 아니라고 보았다.

> 발 앞에 바구니를 떨어뜨리지만
> 결국 곡식은 그에게 돌아온다.
> 무언가를 잃었어도,
> 말씀의 생생함이 사라져도
> 결코 나쁜 일은 아니다.

전통적인 해석과는 달리 이제 횔덜린이 보호해야 하는 것은 영적 의미가 아닌 문자 그대로의 의미다.

그러나 모두를 다스리는

아버지가

무엇보다도 사랑하는 것은

그의 말씀이 그대로 굳건히 보전되고

존재가 올바르게 이해되는 것이니

하늘 나라의 말씀은 문자 그대로의 의미가 아니라면 기억 속에서 사라질 운명에, 이해되지 못할 운명에 처해 있다. 그리고 그것은 좋은 일이다. 왜냐하면 바로 이 말씀을 보호하려는 노력에서부터 노래가 탄생하기 때문이다. "그것에서 독일의 노래가 이어진다." 여기서 하늘 나라의 말씀을 더 이상 이해하지 못한다는 것은 하나의 시적 조건으로 대두된다.

카프카Franz Kafka의 유고 중에 《비유에 관하여 *Von den Gleichnissen*》라는 제목의 단상이 있다. 막스 브로드Max Brod가 1931년에 출판한 이 단상의 제목 자체는 글의 주제가 비유에 관한 비유라는 느낌을 주지만 두 인물의(그리고 첫 문장을 인용하고는 아무런 말이 없는 제삼자와의) 대화 형식으로 구성된 이 짧은 글의 내용은 정확하게 반대되는 이야기, 즉 비유에 관한 비유는 더 이상 비유가 아니라는 이야기를 하고 있다. 첫 문장의 화자는 이렇게 말한다.

많은 이들이 불평을 늘어놓으면서 현자들이 하는 말은 언제나 비유에 불과하고 일회적인 우리의 삶에 실질적으로 적용하기가 힘들다고 말하는 것이 사실이다. 현자가 "저쪽으로 가라" 하면 그가 하는 말은 사실 누가 반드시 "저쪽"으로 가야 한다는 것을 의미하지 않는다. 그럴 만한 가치가 있는 일이라면 얼마든지 실행에 옮길 수도 있겠지만, 우선 그가 말하는 "저쪽"은 전설에서나 나올 법한 곳이다. 다시 말해 현자의 말은 우리가 모르는 무언가를 가리키며, 현자 역시 눈앞에서 가리킬 수 있는 것이 아니므로, 실질적으로는 결국 아무런 도움도 되지 않는다. 그의 모든 비유가 실제로 일깨우려 하는 것은, 우리가 이미 알고 있는 사실, 즉 이해가 불가능한 것은 결국 이해할 수 없다는 사실이다. 하지만 우리가 매일같이 걱정하는 일들은 이와는 다른 종류의 것들이다.

이어서 이름 없는 누군가의 목소리가 문제의 해결책을 제안하고 나선다. "왜 거부하시나요? 비유를 좇다보면 당신 자신이 비유가 될 수 있고 결국에는 일상의 걱정거리로부터 자유로워질 수 있습니다." 하지만 이 말에 대응하는 화자의 논리는 할 말을 잊게 만든다. "그 이야기 역시 하나의 비유인 듯하군요. 내기라도 할까요?" 사람이 비유가 된다는 것과 그로 인해 현실에서 벗어날 수 있다는 것 모두, 두말할 필요 없이, 하나의 비유임에 틀림없다. 그래서 첫 번째 화자는 기꺼이 패배를 선언한다. "당신이 이겼습니다." 그리고 상대는 재미있다는 듯이, "안타깝게도 비유로만 이겼을 뿐입니다"라고 대답한다. 하지만 이 시점에서 첫 번째 화자는 자신이 한 말의 진정한 의미를 분명히 밝히면서 예기치 못한 방식으로 패배를 승리로 뒤바꾼다. 아랑곳하지 않고 그는 아주 진지하게 이렇게 대응한다. "아닙니다. 현실 속에서만 이기셨어요. 비유로는 지셨습니다."

현실과 비유를 구분하는 데만 주력하는 사람은 비유의 의미를 깨닫지 못한다. '비유가 된다는 말'은 하늘 나라의 말씀과 하늘 나라 사이에, 말과 현실 사이에 사실상 아

무런 차이도 없다는 사실을 이해한다는 것과 같다. 따라
서 현실에서 벗어나는 것이 여전히 하나의 비유라고 믿는
두 번째 화자는 질 수밖에 없는 운명에 처해 있다. 스스로
'말'이 되고 '비유'가 되는 사람에게는('말'이 '비유'에서 유래
했다는 사실이 이러한 표현의 진실을 고스란히 드러낸다) 너무
가까워서 '저쪽으로 가지' 않고서도 도달할 수 있는 곳이
하늘의 왕국이다.

  중세의 해석학 전통에 따르면 성서는 네 가지 의미(조
하르Zohar*의 저자들 가운데 한 명은 이 네 가지 의미를 에덴 동산
에 흐르는 네 개의 강과 '천국'을 뜻하는 단어 'Padres'의 네 자음
에 비유한다), 즉 역사적이거나 문자적인 의미, 비유적인 의
미, 수사적이거나 도덕적인 의미, 영적anagogico이거나 신
비로운 의미를 지니고 있다. 마지막 영적 의미는('anagogia'

---

* (옮긴이) 조하르(זהר)는 '광채'를 뜻하는 히브리어로 《광채의 책Sepher ha-zohar》을 간략하게 이르는 말이다. 유대교 신비주의 카발라의 가장 중요한 경전
으로 카스티야에서 아람어로 1275년경에 집필된 것으로 추정되며 토라(모세오
경)와 〈룻기〉, 〈아가〉에 대한 신비주의적인 주석으로 구성되어 있다. 신의 성품
에 대한 신비주의적인 해석, 우주의 기원과 구조, 영혼, 죄, 선악의 성격 등에 관
한 해석을 내용으로 한다.

는 높은 곳을 향한 움직임을 뜻한다) 나머지 의미들과는 달리 또 다른 차원으로의 전이를 가리킨다(니콜라 드 리르Nicolas de Lyre*의 표현을 빌리자면 "당신이 가야 하는 곳quo tendas"을 가리킨다). 이 네 가지 의미가 서로 다르지만 본질적으로는 동일하다고 해석하는 것이 우리가 가장 범하기 쉬운 오류다. 예를 들어 문자 그대로의 의미가 어떤 장소나 인물을 가리키고 영적 의미는 또 다른 장소나 인물을 가리킨다고 보는 해석의 오류를 범하는 것이다. 오리게네스는 해석의 무한한 가능성이라는 어리석은 생각을 탄생시킨 이러한 오류를 범하지 말아야 한다고 끊임없이 지적했다.

> 역사적 사건들이 또 다른 역사적 사건을 가리킨다든지 구체적인 사물들이 또 다른 사물들을 가리킨다고 생각하지 말아야 한다. 대신에 사물들은 영적 현실을 가리키며 역사적 사건들은 지적 현실을 가리킨다.

---

* (옮긴이) 니콜라 드 리르(1270~1349)는 프랑스 출신의 프란체스코 수도회 수도사이자 신학자. 부르고뉴 교구 주교를 역임했다.

문자 그대로의 의미와 영적 의미는 분리되어 있는 것이 아니라 서로 상응할 뿐이다. 신비로운 의미는 문자가 논리적인 의미를 뛰어넘는 움직임에 지나지 않으며 이해와 동시에 일어나는 의미의 변모, 즉 또 다른 모든 의미의 폐지에 불과하다. 문자를 이해한다는 것, 사람이 비유가 된다는 것은 비유 안에서 하느님의 왕국이 도래하도록 허락하는 것을 의미한다. 비유는 "우리가 왕국은 아닌 것처럼" 이야기한다. 하지만 바로 그런 방식으로만 우리에게 하늘 나라의 문을 열어 보인다.

그렇다면 '하늘 나라의 말씀'에 대한 비유는 언어에 관한 비유, 즉 여전히 항상 우리의 이해 대상으로 남아 있는, 말하는 존재로서의 우리에 대한 비유다. 우리가 언어 속에서 살아간다는 것을 이해하는 일은 말들의 의미, 말들의 모든 모호함과 미묘함을 파악하는 것과는 거리가 멀다. 그보다 중요한 것은 오히려 왕국, 즉 하늘 나라의 근접성과 세상과 왕국의 유사성을 깨닫는 일이며, 하늘 나라가 우리의 눈으로는 알아보기 힘들 정도로 세상과 너무 가깝고 비슷하다는 것을 알아차리는 일이다. 왕국의 근접성은 하나의 요구이며 세상과 왕국의 유사성은 우리가 결코 간과할 수 없는 특징이다. 말이 우리에게 비유로 주어진 것은 사물로부터 멀어지는 대신 좀 더 가까운 곳에 머물도록 하기 위해, 예를 들어 우리가 어떤 사람의 얼굴에서 닮은 점을 발견하거나 누군가의 손이 우리를 스치고 지나갈 때처럼, 좀 더 가까이 머물도록 하기 위해서다. 비유한다는 것은 단순히 말하는 것, 예를 들어 "주여 어서 오소서 Marana tha"라고 말하는 것을 의미한다.

—— Che cos'è l'atto di creazione?

창조 행위란 무엇인가?

모든 사물이 스스로의 존재 속에 보존되기를 욕망하고 이를 위해 노력하는 것은 틀림없는 사실이지만 사물은 동시에 이러한 욕망에 저항하며 짧은 순간이나마 욕망을 무위적으로 만들고 관조한다. 관건이 되는 것은 여전히 욕망에 내재하는 저항력, 노동에 내재하는 무위다. 이 무위만이 코나투스에 코나투스의 정의와 진실을 부여할 수 있다. 한마디로 말하자면 무위만이(적어도 예술 분야에서는 이것이 결정적인 요인이다) 예술에 품격을 부여할 수 있다.

'창조 행위란 무엇인가?'는 질 들뢰즈Gilles Deleuze가 1987년 파리에서 가진 강연회 제목이다. 당시에 들뢰즈는 창조 행위를 일종의 '저항 행위'로 정의했다. 들뢰즈에게 창조 행위란 무엇보다도 죽음에 대한 저항 행위지만, 동시에 권력 행사의 도구로 사용되는 정보 패러다임에 대한 저항 행위, 즉 그가 푸코Michel Foucault의 '규율 사회sociétédisciplinaire'와 구분하기 위해 '통제 사회sociétéde contrôle'라고 부르던 것 속에 존재하는 정보 패러다임에 대한 저항 행위였다. 들뢰즈는 모든 창조 행위를 무언가에 대한 저항 행위로 보았다. 가령 바흐Johann Sebastion Bach의 음악은 그에게 신성한 것과 세속적인 것의 분리에 대한 일종의 저항 행위였다.

　이 저항 행위가 무엇인지 구체적으로 정의하지는 않지만, 들뢰즈는 이 용어에 외부의 어떤 위협이나 힘에 저항한다는 일반적인 의미를 부여하는 듯이 보인다. 용어 목록에 등장하는 '저항'이라는 단어에 대해 대화를 나눌 때도 그는 예술적 차원에서 저항이 구속받는 생명력의 해방을 의미한다고만 덧붙일 뿐이다. 이 경우에도 어쨌든 저항 행위로서의 창조 행위에 대한 구체적인 정의는 찾아보기 어렵다.

오랜 세월 동안 책을 읽고 글을 쓰고 공부를 하다보면 가끔은 우리만의 사고방식과 공부하는 특별한 방법이 과연 무엇이었는지(그런 것이 있었다면) 깨닫는 기회가 주어진다. 바로 그런 차원에서 내가 사랑하는 저자들의 작품을 읽으며 감지할 수 있었던 것은 포이어바흐Ludwig Andreas Feuerbach가 한때 '발전 능력'이라고 부르던 것이었다. 어떤 작품이 간직하고 있는 진정한 의미에서의 철학적 요소는 (그 분야가 예술이든 철학이든 과학이든 간에) 발전될 수 있는 가능성, 이야기되거나 다뤄지지 않은 채로 남아 있거나 또는 작가가 의도적으로 내버려두어서 결과적으로 우리가 발견하고 이해해야 하는 무언가와 일치한다. 발전 가능성이 있는 요소를 탐구하는 일에 내가 매력을 느끼는 이유는 이러한 방법론적 원칙을 끝까지 고수할 때, 숙명적으로 우리의 지식과 우리가 읽고 있는 작품의 저자에게 속하는 지식을 구별하는 일이 더 이상 불가능한 지점에 도달하기 때문이다. 모든 차이와 인칭이 사라지는 지점, 모든 인명과 저작권, 모든 독창성의 의미가 무색해지는 지점에 도달할 때 나는 이루 말할 수 없는 기쁨을 느낀다. 이제, 창조 행위를 일종의 저항 행위로 보는 들뢰즈의 사유에서 언급되지 않은 채 남아 있는 것이 무엇인지 질문을 던지면서, 물론 나의 전적인 책임하에, 내가 사랑하는 한 저자의 생각을 좀 더 발전시켜보기로 하자.

안타깝게도 오늘날 '창조'라는 용어가 예술가들의 활동과 관련하여 지나치게 널리 사용되고 있다는 점이 개인적으로는 약간 불만스럽다는 것을 먼저 말해두고 싶다. 이러한 현상의 계보를 추적하면서 나는 이 용어의 무분별한 사용에 책임을 져야 할 사람들의 일부가 건축가였다는 사실을 발견하고 조금은 놀라지 않을 수 없었다. 중세의 신학자들은 세상의 창조설을 설명하기 위해 한때 스토아학파 철학자들이 사용하던 예를 인용하곤 했다. 예를 들어성 토마스는 건축가가 집을 짓기 전에 머릿속에 먼저 집을 그려보는 것과 마찬가지로 신 역시 자신의 머릿속에 있는 모델을 바라보며 세상을 창조했다고 기록했다. 성 토마스의 사유는 물론 무無로부터의 창조와 일치하는 신의 창조와, 물질적인 창조와 일치하는 인간의 창조 활동을 명확하게 구별하고 있지만 어쨌든 건축가와 신의 이러한 비교 속에는 창조의 패러다임이 예술가의 활동으로 전이되는 과정의 씨앗이 이미 뿌리를 내리고 있었던 것으로 보인다.

그런 이유에서 나는 '창조'보다는 오히려 '포이에시스poiesis', 시적 생산이라는 차원의 행위에 대해 이야기하고 싶다. 편의상 '창조'라는 단어를 사용하게 되더라도 특별한 의미를 부여하려는 의도는 없으며 단순히 '생산poiein'이라는 의미로 활용할 뿐이라는 점을 미리 밝혀둔다.

저항을 오로지 외부의 힘에 대한 거부로만 인식할 때 이를 통해 창조 행위를 완전하게 이해한다는 것은 불가능하다. 《철학적 고찰Philosophische Bemerkungen》의 서문을 준비하면서 비트겐슈타인Ludwig Josef Johann Wittgenstein은 한 비문화적인 시대가(그에게 그의 시대가 그러했듯이 우리 시대 역시 우리에게 비문화적이다) 창조 행위에 억압과 불화를 강요

할 때 이에 저항해야 하는 상황이 개개인의 잠재력을 소모시키고 분산시킨다는 사실에 주목한 바 있다. 나는 비트겐슈타인의 지적이 틀리지 않았다고 본다. 들뢰즈 역시, 용어 설명을 통해, 창조 활동이 작품의 구축 과정에서 어떤 힘의 해방과 관련된다는 사실을 분명히 밝히고 싶어 했다.

나는 창조 행위의 해방하는 힘이 창조 행위 자체가 가지고 있는 내적인 힘이며, 저항 행위 역시 창조 행위 안에 내재한다고 생각한다. 오로지 이러한 방식을 통해서만 저항과 창조 사이의 관계, 그리고 창조와 힘 사이의 관계를 이해하는 것이 가능해진다.

서양 철학에서 아주 오랜 역사를 지니고 있는 '힘'의 개념은 아리스토텔레스Aristoteles에 의해 도입되었다고 볼 수 있다. 아리스토텔레스는 '힘(dynamis, 잠재력)'을 '행위(energeia, 행동을 통해 표출된 에너지)'와 상반되면서 동시에 연결되어 있는 것으로 보았다. 대립에 대한 이런 생각은 그의 형이상학뿐만 아니라 물리학에 결정적인 영향을 끼쳤고, 그런 식으로 먼저는 철학이, 이어서 중세와 근대 과학이 이 대립의 개념을 받아들였다. 아리스토텔레스는 바로 이러한 대립을 통해 우리가 창조 행위라고 부르는 것, 즉 그에게는 좀 더 명료하게 기술technai(광범위한 의미의 예술)의 실행과 일치하던 행위를 설명한다. 그런 의미에서 중요한 것은, 그가 힘에서 행위로의 전이 과정을 설명하기 위해 예로 드는 인물들이다. 아리스토텔레스는 건축가, 하프 연주가, 조각가뿐만 아니라 문법학자까지 언급하면서, 더 일반적으로 지식이나 기술을 습득한 모든 사람들을 이 계열에 포함시킨다. 아리스토텔레스가 《형이상학 Metaphysica》 9권과 《영혼에 관하여De anima》 2권에서 이야기하는 힘이란 잠재력, 예를 들어 한 아이가 건축가 또는 조각가가 될 수 있다는 차원에서의 힘이 아니라 건축이나 조각에 대한 앎이나 기술을 이미 습득한 사람의 능력에 상응하는 힘을 의미한다. 아리스토텔레스는 이러한 힘을 "소유한다는 것이 가능한 종류의" 능력, 즉 기량hexis이라고 불렀다. 그것은 다시 말해 일종의 '옷', 즉 어떤 능력이나 기술의 소유를 의미했다.

이러한 기량을 소유하고 있는(또는 옷으로 가지고 있는)

자는 그 힘을 행동으로 표출할 수도 있고 표출하지 않을 수도 있다. 이 힘은 다시 말해(하나 마나 한 이야기처럼 보이지만 이는 사실 아리스토텔레스의 천재성이 그대로 드러나는 부분이다) 본질적으로, 표출되지 않을 수도 있다는 가능성에 의해 규정된다. 건축가에게 잠재력이 있는 것은 그가 건축을 하지 않을 수도 있는 가능성을 가지고 있기 때문이다. 잠재력이란 행동의 유보를 의미한다(이는 정치 분야에서는 익히 알려진 현상이며 이를 상징하는 인물 또한 존재한다. 이른바 '선동자'라고 불리는 이 인물은 권력자로 하여금 권력을 행사하도록 부추기는 임무를 수행한다). 아리스토텔레스가 《형이상학》에서 힘이 오로지 행위 속에만 존재한다는 메가라학파* 철학자들의 근거 없는 주장에(1046b, 29~30) 답변하는 것도 바로 이러한 논리를 바탕으로 전개된다. 아리스토텔레스는 만약 메가라학파의 주장이 옳다면 건축가가 집을 짓지 않을 때 그를 건축가로 부를 수 없고 의사가 환자를

---

* (옮긴이) 메가라학파는 소크라테스의 제자였던 메가라 출신의 에우클레이데스Eucleides를 시조로 하는 철학 학파. 그는 '선'이 존재의 영원불변하는 본질이며 따라서 선하지 않은 것은 존재하지 않는다고 보았다. 우리는 이 선을 단지 여러 가지 이름으로, 예를 들어 지혜, 또는 신, 또는 도리라고 부를 뿐이다.

치료하지 않을 때 그를 의사로 부를 수 없을 것이라고 반박한다. 문제는 힘이 존재하는 방식이다. 힘은 기량hexis의 형태로, 결여에 대한 지배의 형태로 존재한다. 행동을 통해 표출되지 않는 것이 분명히 있고 그것의 형태가 존재한다. 즉, 결핍의 형태로 현존하는 것이 바로 힘이다. 아리스토텔레스가《물리학Physics》에서 탁월한 통찰력을 발휘해 또렷하게 밝힌 것처럼 "결핍steresis은 하나의 형태로 존재한다"(193b, 19~20).

아리스토텔레스는 그만의 독특한 방식으로, 이러한 논리가 하나의 모순으로 변질되는 극단적인 단계까지 이야기를 몰고 간다. 힘의 정의가 그것이 발휘되지 않을 수 있는 가능성에 의해 결정된다는 사실을 통해 아리스토텔레스는 '힘'과 '힘 없음', '능력'과 '무능력'이 서로를 상대로 구속력을 구축하는 관계에 놓여 있다는 결론을 이끌어낸다. 《형이상학》에서 그는 이렇게 말한다. "무능력adynamia은 능력dynamis과 반대되는 형태의 결여다. 모든 힘은 동일자의 동일자에 대한 무능력이다"(1046a, 29~32). 여기서 '무능력'은 모든 힘의 부재를 의미하지 않으며 대신에 '~

하지 않을 수 있는 힘'(힘의 단계에서 행위의 단계로dynamis me energein 움직이지 않을 수 있는 힘)을 말한다. 아리스토텔레스의 논지는, 다시 말해 인간의 모든 능력이 가지고 있는 특정한 모호함을 규정하고 있다. 인간의 힘은 힘의 원천적인 구조 안에서 고유의 결여 양태와 관계를 유지하며, 언제나 (그리고 대상 자체에 대해) 무언가로 존재하거나 존재하지 않을 수 있는, 무언가를 하거나 하지 않을 수 있는 힘과 일치한다. 아리스토텔레스는 바로 이러한 관계가 인간적인 '능력'의 본질을 구축한다고 보았다. 이러한 '능력'을 토대로 존재하며 살아가는 인간은 스스로의 무능력을 인정할 수 있으며 그런 식으로만 스스로의 능력을 소유할 수 있다. 그가 무언가로 존재할 수 있고 무언가를 만들 수 있는 것은 무언가로 존재하거나 무언가를 만들지 않을 수 있는 가능성과의 관계를 유지하기 때문이다. 인간의 이러한 '능력' 속에서 감각은, 구축적인 차원에서 무감각과 일치하며 사유는 무의식과, 노동은 무위無爲와 일치한다.

무언가를 하지 않을 수 있는 힘의 예들이 대부분 인간의 기술과 지식의 영역에서(문법, 음악, 건축, 의학 등등) 발견된다는 사실을 기억한다면, 우리는 아마도 인간이 '능력'의 차원에서, 즉 능력과 무능력의 차원에서, 탁월한 방식으로 존재하는 생명체라고 이야기할 수 있을 것이다. 인간의 모든 능력은 원천적인 차원에서 무능력과 일치한다. 인간이 무언가로 존재한다거나 무언가를 할 수 있다는 것은 구축적인 차원에서 그것의 결핍 상태와 직접적인 관계에 놓여 있다.

이제 이러한 문제를 창조 행위와 관련지어 관찰해보기로 하자. 이상의 사실은 창조 행위가, 사람들이 흔히 생각하는 것과는 달리, 잠재력에서 실천으로의 단순한 전이로는 결코 이해될 수 없다는 것을 의미한다. 예술가는 어느 시점에선가 자신의 창조 능력을, 또렷한 이유는 모르지만, 발휘하기로 결심하는 그런 존재가 아니다. 인간의 모든 능력이 구축적인 차원에서 무능력과 동일하다면, 즉 무언가를 하지 않을 수도 있는 힘과 일치한다면 이 힘이 행위로 전이되는 과정은 어떻게 설명할 것인가? 예를 들어 한 피아니스트에게는 어떤 곡을 연주하는 것이 피아노를 연주할 수 있는 자신의 능력을 행위로 옮기는 것과 일치하겠지만, 그가 연주를 시작하는 순간 그가 연주하지 않을 수도 있는 힘은 어떤 변화를 겪는가? 연주하지 않을 수 있는 힘은 어떤 식으로 현실화되는가?

이제 들뢰즈가 이야기하던 창조와 저항의 관계를 새로운 방식으로 바라볼 수 있을 것이다. 모든 창조 행위에는 저항하는 무언가가, 표현을 거부하는 무언가가 들어 있다. '저항하다resistere'의 라틴어 어원 'sisto(시스토)'는 '멈추게 하다, 움직이지 못하게 하다, 멈추다'라는 뜻을 가지고 있다. 인간의 능력을 실천의 움직임 속에서 멈추게 하고 붙드는 힘이 바로 무능력, 즉 무언가를 하지 않을 수 있는 힘이다. 다시 말하자면 이 힘의 존재는 모호하다. 이 힘은 무언가와 그것의 정반대를 동시에 붙들 수 있을 뿐만 아니라 자체 내에 은밀하고 굽힐 줄 모르는 저항력을 가지고 있다.

이것이 사실이라면 우리는 창조 행위를 능력과 무능력 사이, 행동하거나 저항할 수 있는 힘과 이를 거부할 수 있는 힘 사이에서 팽팽하게 유지되는 일종의 긴장 관계로 보아야 할 것이다. 인간은 스스로의 능력을 다스릴 수 있지만 자신의 능력에 접근하는 것은 오로지 스스로의 무능력을 통해서만 가능하다. 바로 그런 이유에서 스스로의 능력을 다스릴 수 있는 힘은 사실상 주어지지 않는다. 그리고 그런 의미에서 시인으로 존재한다는 것은 어떻게 보면 자기 무능력의 포로가 된다는 것을 의미한다.

그렇다면 능력뿐만 아니라 무능력까지 거머쥘 수 있는 힘만이 진정한 의미에서의 지고한 힘이라고 할 수 있을 것이다. 인간의 능력이 무언가를 할 수 있는 능력뿐만 아니라 동시에 하지 않을 수도 있는 능력을 가리킨다면 이 능력의 실천은 오로지 후자를 어떤 식으로든 행동으로 옮겨와야만 가능해진다. 모든 피아니스트에게 연주할 수 있는 능력뿐만 아니라 연주하지 않을 수 있는 능력이 필연적으로 함께 주어졌다면, 글렌 굴드Glenn Herbert Gould 는 연주하지 않을 수 있는 힘도 다스릴 수 있는 피아니스트일 것이다. 그는 스스로의 능력을 행동으로만 옮긴 것이 아니라 스스로의 무능력에 내맡기면서, 이를테면 연주하지 않을 수 있는 힘으로 연주한 피아니스트다. 연주하지 않을 수 있는 능력을 단순히 부인하고 포기할 뿐인 기교 앞에서, 그리고 연주 외에 아무것도 모르는 재주 앞에서 거장은 연주를 통해 그의 연주 능력이 아닌, 연주하지 않을 수 있는 능력을 발휘한다.

이제 창조 행위를 통해 이루어지는 저항 행위에 대해 좀 더 구체적으로 살펴보자. 한 작품 안에서 총체적으로 드러나기를 갈망하는 표면적인 것들의 욕심을 무너뜨리는 것이 벤야민의 "감추어진 표현"이었듯이 저항 행위는 실천을 향해 움직이는 힘의 즉각적이고 무조건적인 충동을 멈춰 세우고, 그런 식으로 인간의 능력이 행위를 통해 고스란히 소모되는 것을 막기 위한 일종의 비평적 역할을 담당한다. 창조가 단순히 무언가를 할 수 있는 능력에 지나지 않는다면, 즉 실천을 향해 장님처럼 움직일 수밖에 없는 것이라면 예술은, 무언가를 하지 않을 수 있는 저항력을 상실한 만큼, 태연한 척 완성된 형태를 향해 나아가는 일종의 재현으로 추락하고 말 것이다. 사람들이 흔히 생각하는 것과는 달리 거장의 세계란 형식의 완성과 일치하지 않으며, 반대로 실천 속에 유지되는 잠재력, 완벽한 형식 속에 보존되는 불완전한 요소와 일치한다. 무언가를 하지 않을 수 있는 힘의 저항은 위대한 화가의 화폭과 위대한 작가의 글 속에, 모든 걸작 속에 하나의 은밀한 매너리즘으로 남아 있다.

이 '하지 않을 수 있는 힘'을 토대로 하는 것이 다름 아닌 본질적으로 비평적인 요구들이다. 취향으로 인한 시행 착오를 통해 분명하게 드러나는 부족함은 항상 '할 수 있음'의 차원이 아니라 '하지 않을 수 있는 힘'의 차원에서 나타나는 부족함이다. 취향이 부족한 사람은 무언가를 멀리하지 못한다. 취향의 부족함은 언제나 무언가를 '하지 않을 수 없음'과 일치한다.

한 작품에 필연적인 요소를 각인시키는 것은 그 작품만의 고유한 방식으로 만들어지지 않거나 또는 다르게 만들어질 수 있었던 가능성이다. 다시 말해 필연성을 각인시키는 요소는 작품의 우연성이다. 어쨌든 중요한 것은, 어떤 그림을 두고 도료의 단층 밑에서 엑스레이를 통해 발견할 수 있는 화가의 고민과 수정의 흔적이 아니라, 또는 어떤 문학 작품의 수사본에서 발견해낼 수 있는 또 다른 성격의 초고나 차이점들이 아니라 오히려 어떤 형식의 부동성 속에서, 예를 들어 포시용Henri Focillon*이 고전 양식의

---

* (옮긴이) 앙리 포시용(1881~1943)은 프랑스의 미술사가. 리용의 미술관장을 거쳐, 파리 대학 교수, 콜레주 드 프랑스 교수, 예일 대학 교수를 역임했다. 로마네스크 양식과 중세 미술 분야에서 뛰어난 업적을 이루었으며 생물학적인 개념

특징으로 보았던, 부동의 형식 속에서 발견되는 "감지할 수 없을 정도로 가벼운 떨림"이다.

　단테는 시적 창조 행위의 이런 양면적인 성격을 다음과 같은 시구절로 표현한 바 있다. "예술가는 예술의 옷을 입었지만 떨리는 손을 가졌다." 지금까지 우리가 살펴본 바에 따르면, 옷과 손의 표면적인 모순 관계는 사실 하나의 단점이라기보다는 서로 모순되는 두 종류의 충동, 비상과 저항, 영감과 비판 사이에 알쏭달쏭하고 은밀한 방식으로 매달려 있는 모든 정통한 창조 행위의 이중적 구조를 완벽하게 그려낸다고 볼 수 있다. 이러한 충동의 모순은, '옷'이 어떤 식으로든 영감과 모순 관계에 놓여 있기 때문에, 즉 다른 곳에서 유래하고 정의상 옷 안에서는 다스려질 수 없는 성격의 영감과 이미 모순 관계에 놓여 있는 만큼, 시적 창조 행위 전체를 침투하며 지배한다고 봐야 할 것이다. 그런 의미에서, '하지 않을 수 있는 힘'의 저항은 '옷'을 해제시키면서 영감이 작품 안에서 구체화되는 것을

을 기초로 하는 형식주의적 접근 방식으로 예술사 해석에 새로운 방향을 제시한 인물이다.

막을 정도로 영감에 충실한 힘이다. 영감을 받은 예술가는 결국 작품이 없는 예술가다. 어쨌든 '하지 않을 수 있는 힘'은 어떤 식으로든 다스려질 수 없으며 하나의 자율적인 원리로도 변할 수 없는 힘이다. 자율적으로 변한다면 결국에는 모든 작품을 저지하는 결과를 가져오게 될 것이다. 중요한 것은 은밀하게 연결되어 있는 이러한 두 원리의 변증법을 통해 빚어지는 것이 바로 작품이라는 사실이다.

질베르 시몽동Gilbert Simondon*은 인간이란 두 단계의 존재, 즉 무분별하고 무인칭적인 요소와 개인적이고 사적인 요소 사이의 변증법에서 기인하는 두 단계의 존재라고 표현한 적이 있다. 전前-개인적인 것은 어느 시점에서 현실화되고 개인화되는 요소의 연대기적 과거가 아니라 개인과 공존하며 소멸될 수 없는 것으로 남는다.

이러한 관점에서 창조 행위를 우리는 개인적 주체를 뛰어넘어 움직이는 하나의 무인칭적인 요소와 이에 끈질

---

* (옮긴이) 질베르 시몽동(1924~1989)은 주로 개성화 이론을, 아울러 기술의 문제를 철학적이고 정치적인 차원에서 다룬 프랑스 철학자다.

기게 저항하는 개인적인 요소 사이의 복잡한 변증법이라고 볼 수 있다. 무인칭적인 것은 '할 수 있는 힘', 작품과 표현을 향해 돌진하는 천재적 기질인 반면 '하지 않을 수 있는 힘'은 비개인적인 것에 저항하는 개인적인 것의 머뭇거림, 작품과 표현에 저항하며 표현에 저항의 흔적을 남기는 성격과 일치한다. 한 작품의 양식은 단순히 무인칭적인 요소, 창조의 힘에만 좌우되는 것이 아니라 아울러 창조의 힘과 거의 대척 관계에 놓여 있는 저항의 요소에 의해 좌우된다.

그러나 '하지 않을 수 있는 힘'은 창조의 힘과 그것의 형식을 부정하지 않으며 오히려 저항의 힘을 통해 힘과 형식을 어떤 식으로든 부각시킨다. 이는 창조 방식이 단순히 양식과 대립하는 것이 아니라 때로는 양식을 독특한 방식으로 부각시키는 것과 마찬가지다.

그런 의미에서 단테의 문장은 베네치아의 산 살바도르San Salvador 성당에 있는 티치아노Tiziano Vecellio의 후기 작품 〈수태고지L'annunciazione〉의 탄생에 대한 일종의 예언이었다고 볼 수 있다. 누구든 티치아노의 이 걸작을 관찰하면서 감탄해 마지않는 것은 두 인물의 머리 위로 모여든 구름과 천사의 날개 사이로 온갖 색들이 집중되고 중첩되는 동시에 색의 '불꽃 튀는 마그마' 속으로 파고들어가는 장면이다. 이 색의 고임이 '불꽃 튀는 마그마'라고 불리는 것은 그곳에서 '살이 떨고' 아울러 '빛이 어둠과 전투를 벌이기' 때문이다. 따라서 티치아노가 이 작품에 평범하지 않은 문구, "Titianus fecit fecit, 티치아노가 만들고 또 만들었노라"라는 말로, 즉 거의 망가뜨릴 지경까지 공을 들였다는 말로 서명을 남겼다는 것은 전혀 놀랄 일이 못 된다. 엑스레이 기술이 발달하면서 이 글 밑에 숨겨져 있던 좀 더 일상적인 문구 'faciebat'를 발견해냈지만, 그렇다고 해서 티치아노의 서명이 시간이 한참 흐른 뒤에 수정을 가한 것이라고 결론지을 수는 없다. 티치아노가 일상적인 문구를 지우고 새로운 문구를 기입한 것은, 카를로 리돌피 Carlo Ridolfi*가 티치아노의 간접적인 증언을 토대로 제안했던 것처럼, 오히려 그의 후원자들이 "완벽한 지경으로 격

---

* (옮긴이) 카를로 리돌피(1594~1658)는 이탈리아 화가이자 저술가로 베네치아 화가들의 전기를 집대성한 것으로 유명하다. 가장 널리 알려진 책은 1648년에 출판된《예술의 경이 Le Maraviglie dell'arte》다.

하되지 않았다"라고 평가했던 이 작품의 독특함을 강조하기 위해서였을 가능성이 높다.

이러한 관점에서, 꽃 병 아래에 적혀 있는 "ignis ardens non comburens, 이글거리는 불꽃은 타지 않는다"라는 문구는(구약 성서의 '불타는 떨기나무'를 가리키는 표현으로, 이는 신학자들의 의견에 따르면 성모 마리아의 순결을 상징한다) 티치아노가 캔버스 위에서 불타오르지만 결국 소모되지 않는 창조 행위의 독특한 성격을 강조하기 위해 기입했을 가능성이 충분히 있다고 본다. 위의 문구를 이글거리지만 타서 사라지지 않는 힘에 대한 완벽한 은유로 이해했을 가능성이 충분히 있다.

바로 그런 이유에서, 그의 손은 떨린다. 하지만 이 떨림은 동시에 그의 드높은 경지와 일치한다. 형식 안에서 떨며 춤을 추듯 움직이는 것이 바로 힘, '이글거릴 뿐 타지 않는 불꽃'이다.

어떤 측면에서는 카프카에게서 자주 찾아볼 수 있는 창조에 관한 이야기도 이와 연관성이 있다고 볼 수 있다. 카프카의 소설에서 위대한 예술가는 정확하게 자신의 예술에 대해 절대적으로 무능력한 존재로 정의된다. 한 위대한 수영 선수는 이렇게 고백한다.

> 세계 신기록을 가지고 있다는 건 인정하겠습니다. 하지만 여러분들이 제가 기록을 어떻게 수립할 수 있었는지 묻는다면 아마도 만족할 만한 대답을 드릴 수 없을 겁니다. 왜냐하면, 사실은, 제가 수영을 할 줄 모르거든요. 저는 항상 수영을 배우고 싶어 했습니다. 하지만 기회가 주어지지 않았어요.*

또 다른 예로, 쥐들의 나라에 사는 탁월한 가수 요제피네는 노래를 부르지 못할 뿐만 아니라 다른 쥐들과 마찬가지로 휘파람만 겨우 불 수 있을 뿐이다. 하지만 바로 그런 방식으로 "우리 세상에서는 어떤 성악가도 결코 기대할 수 없는 효과, 즉 그녀에게 주어진 다름 아닌 부족한 조건하에서만 허락되는 효과를 얻어내는 데 성공한다."

예술이 일종의 지식이나 '옷'이라고 보는 현대의 예술

---

* (옮긴이) 프란츠 카프카, 〈위대한 수영선수Der große Schwimmer〉(1920).

개념을 이러한 예들만큼 근본적인 차원에서 문제 삼는 경우는 찾아보기 힘들 것이다. 요제피네가 노래할 수 없는 힘으로 흥얼거리듯이 위대한 수영 선수가 성공을 거두는 것도 사실은 헤엄칠 줄 모르는 힘 덕분이다.

'하지 않을 수 있는 힘'은 '할 수 있는 힘' 옆에 머무는 또 다른 형태의 힘이 아니라 '할 수 있는 힘'의 무위無爲, 즉 힘/행위라는 도식의 해제로부터 비롯된 결과다. 다시 말해 '하지 않을 수 있는 힘'과 무위 사이에는 본질적인 연관성이 존재한다. 노래할 수 없는 자신의 무능력을 토대로 누구든 부를 줄 아는 휘파람밖에는 불지 못하지만, 요제피네가 바로 그런 식으로 "일상적인 삶의 구속에서 벗어나 진정한 의미의 노래가 지닌 본질"을 드러내듯이, '하지 않을 수 있는 힘'은 힘이 행동으로 실행되는 과정을 정지시킴으로써 힘을 무위적으로 만들고 무위적인 상태 그대로 전시한다. 여기서 노래하지 않을 수 있는 힘은 무엇보다도 하나의 멈춤이며 단순히 노래하는 행위로 전이되지 않는다. 그것은 스스로에게 호소하는 잠재력의 전시와 일치한다. 반대로 말하자면, '하지 않을 수 있는 힘'이 '할 수 있는 힘'을 선행한 뒤 결국 잠재력이 노래라는 현실로 드러날 수 있도록 자리를 양보하는 일은 절대로 일어나지 않는다. '하지 않을 수 있는 힘'은 할 수 있는 힘의 내부에 존재하는 저항력이며 힘이 단순히 행위로 전이되는 것을 저지하면서 스스로를 돌아보도록, 스스로 잠재력이 되도록, 스스로의 무능력을 거머쥘 수 있도록 만든다.

이러한 힘의 정지 상태를 토대로 하는 작품(가령 벨라스케스Diego Rodríguez de Silva Velázquez의 〈시녀들Las Meninas〉)은 대상으로서의 작품뿐만 아니라 화가가 그림을 완성하는 데 사용하는 힘(예술)을 동시에 표현한다. 이와 마찬가지로 위대한 시는 시의 내용만 말하지 않고 말하고 있다는 사실 자체를, 즉 말할 수 있거나 말하지 않을 수도 있는 힘을 표현한다. 언어가 가지고 있는 힘의 정지와 전시가 시이듯, 회화는 시선이 지니는 힘의 정지와 전시라고 할 수 있다.

서양 세계가 전통적으로 무위를 생각해온 방식은 자기 참조의 방식, 즉 힘이 스스로를 돌아보는 방식이다. 아리스토텔레스는 《형이상학》 12권의 한 유명한 구절을 통해 이렇게 말한다(1074b, 15~35). "사유(noesis, 생각하는 행위)는 생각의 생각이다(noeseos noesis)". 아리스토텔레스의 이 문장은 사유가 스스로를 대상으로 삼는다는 뜻이 아니다(만약 그렇다면 논리적으로 볼 때 한편에는 형이상학적 사유가, 다른 한편에는 대상으로서의 사유, 즉 생각하는 사유가 아니라 생각된 사유가 있게 될 것이다).

여기서 드러나는 모순은 지성nous의 본질, 즉《영혼에 관하여》에서는 일종의 잠재력으로("지성은 잠재력 외에는 다른 본성을 가지고 있지 않으며, 지성이 생각하기 이전에는 사실상 아무것도 존재하지 않는다." 429a, 21~24) 정의되는 반면 《형이상학》에서는 하나의 순수한 행위, 순수한 사유noesis로 정의되는 지성의 본질에서 비롯된다고 할 수 있다.

> 지성이 그것을 지배하는 무언가 다른 것을 생각한다면 지성의 본질은 사유의 활동(noesis, 생각하는 사유)이 아니라 하나의 잠재력이며, 따라서 최상의 것이라고는 할 수 없을 것이다. (…) 지성이 사유의 활동이 아니라 잠재력이라면, 사유의 활동을 지속한다는 것이 지성에게는 무척이나 힘든 일이 될 것이다.

하지만 이러한 모순은 아리스토텔레스가 《영혼에 관하여》에 기록하고 있는 다음과 같은 설명을 통해 해결된다. 지성은, 사유의 활동을 통해 개별적인 사고 대상으로 변하면서, "어떻게 보면 잠재력으로 남으며 (…) 따라서 스스로를 생각할 수 있게 된다"(《영혼에 관하여》 429b, 9~10). 《형이상학》에서 사유는 스스로를 생각할 때 하나의 순수한 행위로 고려되는 반면 《영혼에 관하여》에서는 하나의 잠재력으로, 즉 사유 활동으로 발전하지 않을 수 있기 때문에, 하나의 자유롭고 무위적인 잠재력으로 남으며, 그런 식으로 스스로를 생각하고 하나의 순수한 잠재력으로 고려할 수 있다.

바로 잠재력의 이러한 무위적인 여분이 사유의 사유를 가능하게 만들고, 회화의 회화, 시의 시를 가능하게 만든다.

자기 참조라는 것이 모든 구체적인 사유 활동에 대한 잠재력의 체제적인 과잉을 수반한다면, 항상 염두에 두어야 할 것은 자기 참조를 올바르게 생각한다는 것이 무엇보다도 주체/객체라는 관념적 도구의 해제와 포기를 수반한다는 사실이다. 아리스토텔레스의 《형이상학》에서 사유가 생각하는 주체의 객체가 아닌 것과 마찬가지로 벨라스케스나 티치아노의 그림 속에서 회화(그려진 그림 'pictura picta')는 그림을 그리는 주체의 객체(그리고 있는 그림 'pictura pingens')와 일치하지 않는다. 반대로 '회화의 회화'라는 표현은 단지 회화(회화의 잠재력, 그려지고 있는 그림)가 그리기라는 행위 속에 전시되며 매달려 있다는 것을 의미할 뿐이며, 마찬가지로 '시의 시'라는 표현 역시 언어가 시 속에 전시되며 매달려 있다는 것을 의미할 뿐이다.

창조 행위에 대한 우리의 고찰에 이 '무위'라는 용어가 어김없이 등장한다는 사실이 눈에 띌 것이다. 아마도 이 시점에서 내가 무위의 시학, 또는 정치학이라고 정의하고 싶은 무언가의 요소들에 대해 최소한의 설명을 제시하는 것이 필요할 것이다. 내가 '정치학'이라는 용어를 덧붙이는 것은 포이에시스poiesis, 즉 인간의 생산 행위를 다른 방식으로 생각하려는 시도 자체가 정치에 대한 우리의 이해 방식을 동시에 문제 삼지 않을 수 없기 때문이다.

아리스토텔레스는 《니코마코스 윤리학Èthika Nikomacheia》의 한 구절에서(1097b, 22 이하) 인간의 '일'이란 과연

무엇인가라는 문제를 제기하면서 인간에게는 고유의 '일'
이 부족하다는, 즉 인간은 본질적으로 무위의 존재라는 가
정을 제시한다.

> 악사나 조각가, 모든 부류의 기술자technites는 물론, 일반
> 적으로 특정한 '기능ergon'을 가지고 있거나 특정한 '활동
> praxis'을 하는 모든 이들에게 삶의 좋은 것과 선한 것이 이
> '기능'을 발휘하는 데 달려 있듯이, 모든 인간에게도 상황
> 은, 물론 그에게 특정 '기능'이 있다는 조건하에, 마찬가지
> 여야 할 것으로 보인다. 그렇지 않다면, 반대로 목수나 구
> 두 수선공에게는 특정 기능과 활동이 주어졌지만 인간은
> 그 자체로 아무런 기능도 가지고 있지 않고, 아무런 '일' 없
> 이(argos, 무위적으로) 태어났다고 보아야 할까?

여기서 에르곤ergon은 단순한 '기능'을 뜻한다기보다
는 에네르게이아energeia의 정의를 토대로 하는 인간의 활
동, 또는 행동 자체를 의미한다. 플라톤 역시 동일한 차원
에서 달리는 말의 에르곤, 말의 고유한 활동이 무엇인지에
대해 질문을 던진 적이 있다. 어쨌든 인간에게 주어진 '기

능'의 존재 여부에 관한 질문은 전략적으로 상당히 중요한 역할을 담당한다. 바로 이 질문으로 인간에게 하나의 고유한 본성과 본질을 부여할 수 있는 가능성이 좌우되고, 나아가 아리스토텔레스 입장에서 인간의 행복과 인간의 정치를 정의 내릴 수 있는 가능성이 좌우되기 때문이다.

물론 아리스토텔레스는 인간이 본질적으로 무위적인argos 동물이라는 가정을 곧장 무의미한 것으로 분류해 버린다. 왜냐하면 어떤 일도, 어떤 소망도 무위를 규정할 수 없기 때문이다.

대신에 나는 인간이 무위적인 생명체라는 가정을 진지하게 고려해볼 필요가 있다고 생각한다. 이는 물론 이질적이지도, 새롭다고도 할 수 없는 시도다. 왜냐하면 수많은 경향과 당파의 신학자, 정치학자, 근본주의자들의 경악에도 불구하고 실제로 우리 문화사 안에서 끊임없이 반복되어온 시도이기 때문이다. 여기서 1900년대의 두 가지 경우를 예로 들어보자. 먼저 과학 분야에서, 암스테르담 대학의 해부학 교수였던 루트비히 볼크Ludwig Bolk의 탁월한 저서《인류 진화의 문제Das Problem der Menschwerdung》

(1926)를 예로 들 수 있다. 볼크에 따르면, 인간의 선조는 어른이 아니라 번식 능력을 갖춘 태아, 다시 말해 일종의 새끼 원숭이었고 이어서 자유의지를 지닌 종으로 성장했을 뿐이다. 이러한 가정은 인간이 다른 생명체들과 달리 잠재력을 지니고 있고 모든 환경과 모든 음식, 모든 활동에 적응할 수 있는 능력을 갖추고 있으며, 그렇다고 이러한 특징들 중 어느 하나가 인간을 완전히 규정하거나 만족시킬 수 있는 것은 아니라는 사실을 나름대로 설명해준다.

두 번째 예는 화가 카지미르 말레비치Kazimir Severinov-ich Malevich의 《인간의 실질적인 진실로서의 무위Len' kak Deystvitep'naya Istinychelovechestva》라는 독특한 제목의 글이다. 여기서 말레비치는 노동을 인간 성취의 기본적인 틀로 간주해온 전통적인 사유를 반박하면서 무위를 "인간성의 가장 고귀한 형태"로 제시한다. 회화의 절대주의가 도달한 마지막 단계의 '백색'이 다름 아닌 이 무위를 상징한다. 그러나 무위에 대한 모든 관찰의 시도들이 보여주었던 것처럼, 예를 들어 직접적인 선례가 되는 폴 라파르그Paul Lafargue의 《게으를 권리Le droit a la paresse》에서처럼, 이 글 역시 무위를 오로지 노동과의 대조 속에서만, 그리고 노동과 반대되는 것으로 규정함으로써 다루는 주제를 부정적으로만 정의하는 한계에 머물러 있다. 고대인들은 관조적인 삶(otium)에 비해 오히려 노동(negotium)을 부정적으로 받아들였지만 현대인들은 관조적인 태도, 무위, 축제를 휴식 또는 노동의 거부로밖에는 받아들이지 못하는 듯이 보인다.

하지만 무위를 잠재력이나 창조 행위와의 관련하에서 바라보려고 노력하는 우리는 당연히 이를 게으름이나 무기력이 아니라 하나의 실천, 또는 무위와 구축적인 관계를 유지하는 어떤 특별한 종류의 잠재력으로 이해할 수 있을 것이다.

스피노자Baruch De Spinoza가《윤리학Ethica》에서 사용한 자긍심이라는 개념은 아마도 우리가 다루고 있는 문제를 이해하는 데 커다란 도움이 될 것이다. 그는 "인간이 자기 자신과 스스로의 잠재력을 관조하면서 느끼는 기쁨"을 '자긍심acquiescentia in se ipso'이라고 불렀다(4부, 정리 52, 증명). "스스로의 잠재력을 관조한다는 것"은 무엇을 의미하는가? 스스로의 잠재력을 관조하는 행위로서의 무위란 대체 무엇을 말하는가?

나는 인간의 기능을 선행하지 않고 동행하며 그것을

생동하게 하고 가능하게 만드는 잠재력을 드러내고 관조하는 행위, 그 유일무이한 실천에 내재하면서, 이를테면 실천과 동일한 차원에서 작용하는 무위가 바로 관조적 무위라고 생각한다. 행동하거나 행동하지 않을 수 있는 스스로의 잠재력을 관찰하는 삶은 모든 행위를 무위적으로 실천하며 모든 순간을 오로지 하나의 가능성으로만 살아가는 삶이다.

이제 서양 철학이 전통적으로 관조적인 삶과 무위에 배정해온 본질적인 기능이 무엇인지 어느 정도는 분명해졌으리라고 본다. 그것은 인간의 업적과 특별한 기능을 무위적으로 만들면서, 허공을 맴돌게 하는 방식으로 가능성의 길을 열어 보이는 기능이다. 관조와 무위는 그런 의미에서 인류 진화를 위한 형이상학적 기능을 담당하며 살아 있는 인간을 모든 종류의 생물학적·사회적 운명으로부터, 의지와 상관없이 부여된 모든 과제로부터 해방시키면서, 인간을 우리가 '정치'나 '예술'이라는 이름으로 부르는 활동의 특별한 부재에 대처할 수 있는 존재로 만든다. 정치와 예술은 과제가 아니며 단순히 '작품'이라고도 할 수 없다. 정치와 예술은 오히려 언어적·육체적·물질적·비물질적·생물학적·사회적 기능이 해제되는 차원, 아울러 해제된 상태로 관조되는 차원을 가리킨다.

　이 시점에서 내가 '무위의 시학'에 대해 이야기하며 의도했던 것이 어느 정도는 분명해졌기를 바란다. 인간의 모든 활동을 무위적으로 만드는 기능의 탁월한 모델은 아마도 시일 것이다. 솔직히 말해 시란 소통 기능과 정보 교환 기능을 해제하고 무위적으로 만들면서 이들의 새로운 사용 가능성을 제시하는 언어 활동이 아니라면 또 무엇이겠는가? 또는 스피노자의 관점에서, 스스로의 실용적인 기능을 해제한 언어가 스스로 휴식을 취하면서 말에 대한 스스로의 잠재력을 관조하는 지점이 아니면 무엇이겠는가? 그런 의미에서 단테의《신곡》, 레오파르디Giacomo Leopardi의《노래Canti》, 조르조 카프로니Giorgio Caproni의《눈물의 씨앗Il seme del piangere》은 이탈리아어의 관조이며, 아르노 다니엘Arnaut Daniel의 시들은 프로방스어의, 세사르 바예호 César Vallejo의《트릴세Trilce》와 유작 시들은 스페인어의, 랭보의《일뤼미나시옹Les Illuminations》은 프랑스어의, 횔덜린의 송가와 트라클의 시들은 독일어의 관조인 셈이다.

시가 말의 잠재력을 통해 이룩하는 것을 정치와 철학은 행동의 잠재력을 통해 이뤄야 한다. 정치와 철학은 경제적·사회적 활동을 무위적으로 만들면서 인간이 무엇을 할 수 있는지 보여주고 새로운 가능성을 열어 보인다.

스피노자는 모든 사물의 본질을 스스로의 존재 속에 자신을 보존하려는 코나투스conatus(성향)와 욕망으로 정의했다. 스피노자의 위대한 사상에 비한다면 보잘 것 없는 생각에 불과하겠지만, 나는 이러한 스피노자의 사유 속에, 우리가 창조 행위를 다루면서 보았던 것처럼, 약간의 저항력을 도입할 필요가 있다고 본다. 모든 사물이 스스로의 존재 속에 보존되기를 욕망하고 이를 위해 노력하는 것은 틀림없는 사실이지만 사물은 동시에 이러한 욕망에 저항하며 짧은 순간이나마 욕망을 무위적으로 만들고 관조한다. 관건이 되는 것은 여전히 욕망에 내재하는 저항력, 노동에 내재하는 무위다. 이 무위만이 코나투스에 코나투스의 정의와 진실을 부여할 수 있다. 한마디로 말하자면 무위만이(적어도 예술 분야에서는 이것이 결정적인 요인이다) 예술에 품격을 부여할 수 있다.

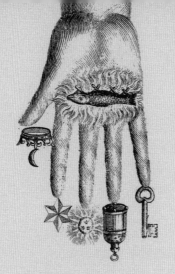

Vortici

———

소용돌이

액체가, 다시 말해 존재가 취하는 두 가지 극단적인 형상은 물방울과 소용돌이다. 물방울은 액체가 스스로에게서 떨어져 나와 황홀경에 빠지는 지점에서 발생한다(물은 떨어지거나 흩어지면서 물방울로 분리된다). 소용돌이는 액체가 스스로를 향해 집중되는 지점, 회전을 통해 자신의 바닥으로 내려가기 시작하는 지점에서 발생한다. 세상에는 물방울-인간과 소용돌이-인간이 존재한다. 물방울-인간은 안간힘을 써서 바깥으로 분리되려고 노력하는 인간, 소용돌이-인간은 스스로를 중심으로 집요하게 몸을 휘감으며 더욱더 안쪽을 향해 뛰어넘기를 계속하는 인간이다. 흥미로운 점은, 물방울도 물속으로 떨어지면서 일종의 소용돌이를 일으키고 못을 형성하면서 관능적으로 변한다는 사실이다.

물의 원형적인 움직임은 나선형이다. 강물이 흐르다가 장애물을 만날 때, 그것이 나뭇가지든 교량의 기둥이든, 만나는 지점에서 발생하는 것은 나선형의 움직임이며 이 흐름이 일률적으로 변하면서 소용돌이의 형태와 규모를 갖추게 된다. 온도가 다르거나 흐르는 속도가 다른 두 줄기의 물이 만날 때도 동일한 현상이 일어난다. 이 경우에도 발생하는 것은 원심 운동이며 파도나 흐르는 물 위에서 움직이지 않고 머무는 것처럼 보인다. 파도가 부서지면서 형성되는 것 역시 일종의 소용돌이다. 단지 중력으로 인해 거품으로 부서질 뿐이다.

소용돌이는 고유의 리듬을 가지고 있으며 이 리듬은 태양을 중심으로 회전하는 별들의 움직임에 비유되곤 한다. 소용돌이의 내부는 외부에 비해 훨씬 빠르게 회전한다. 별들이 태양과의 거리에 비례해 속도를 달리하며 회전하는 것과 같은 원리다. 나선 모양으로 회전하면서 소용돌이는 심연을 향해 확장되고, 이어서 일종의 은밀한 충동인 듯, 하늘을 향해 다시 솟구친다. 한가운데에 물체 하나를, 가령 화살 모양의 조그만 나뭇조각 하나를 떨어뜨리면, 화살은 계속되는 회전 속에서도 동일한 방향을, 이를테면 소용돌이의 북쪽을 가리킨다. 소용돌이는 어느 한 지점을 향해 그것을 중심으로 끊임없이 회전한다. 하지만 소용돌이의 중심은 무한한 흡입력만 발휘하는 하나의 검은 태양이다. 과학자들은 이러한 현상을 소용돌이의 반경이 0과 일치하는 지점에서 압력은 "마이너스 무한대"와 같다는 식으로 설명한다.

이제 소용돌이를 특징짓는 독특한 위상에 대해 살펴보기로 하자. 소용돌이는 물의 일부였고 여전히 물의 일부를 차지하지만 물의 흐름에서 전적으로 분리된 형태를 유지한다. 독자적인 영역을 구축한 소용돌이는 고유의 법칙과 그 자체로 닫힌 구조를 고수하지만 그럼에도 불구하고 주변의 모든 것과 밀접한 관계를 유지한다. 소용돌이를 형성하는 액체는 그것을 에워싸는 동일한 액체와 끊임없이 교체된다. 소용돌이는 그 자체로 존재할 뿐이지만 고유의 액체는 한 방울도 소유하지 않는다. 소용돌이의 정체는 절대적으로 비물질적이다.

벤야민은 '기원'을 하나의 소용돌이에 비유한 적이 있다.

> 기원Ursprung은 변화의 흐름 위에 하나의 소용돌이처럼 머물면서 고유의 운율에 따라 최초의 사건들을 그 안으로 끌어들인다. (…) 기원은 한편으로는 복원과 복구로 인식되기를, 다른 한편으로는 바로 그런 이유에서 아직 종결되지 않은 미완성의 상태로 인식되기를 원한다. 과거 세계가 역사의 총체적인 국면 속에 완성된 채로 묻혀 있는 한, 모든 기원의 현상 속에서는 과거와의 이념적 비교가 항상 새롭게 이루어지기 마련이다. 왜냐하면 기원은 일어난 사건들의 영역에서 모습을 드러내는 것이 아니라 역사적 사건들의 이전이나 이후와 관계하기 때문이다. (…) 따라서 기원의 범주는 코헨이 생각하는 것처럼 순수하게 논리적이라기보다는 역사적이다.

그렇다면 이 기원이라는 소용돌이는 과연 무엇인지 한번 진지하게 살펴보자. 무엇보다도 기원은 변화를 선행하는 무엇이 아니며 연대기적 차원에서도 변화와 분리된 것으로 남는다. 흐르는 물을 이용하는 물방아처럼, 기원은 재료를 제공하는 현상의 변화와 동시적이면서, 어떤 의미에서는 현상 속에 독자적이고 견고한 방식으로 존재한다. 기원은 역사적 변화를 동반한다. 따라서 역사적 변화를 이해한다는 것은 시간상 분리되어 있는 어떤 기원으로 거슬러 올라가는 것을 의미하는 대신 역사 속에 여전히 하나의 소용돌이처럼 남아 있는 무언가와 비교를 통해 관계를 유지한다는 것을 의미한다.

어떤 역사적 현상에 대한 깨달음이 유익해지는 것은 기원을 분리시켜 시간상 거리가 먼 지점에 위치시키는 일을 삼갈 때에만 가능하다. 고고학적 탐구가 추구하는 원형, 즉 소용돌이로서의 기원은 변화에 내재하며 변화 속에서 지속적으로 기능하는 하나의 역사적인 아프리오리a priori다. 우리의 삶이 진행되는 동안에도 기원의 소용돌이는 우리 곁에 끝까지 남아 매순간 침묵 속에서 우리의 존재를 동반한다. 어떤 경우에는 좀 더 가까이 다가오기도 하고, 또 어떤 경우에는 너무 멀어져서 소리 없이 끊

어오르는 열기를 감지하는 것도, 눈으로 알아보는 것도 힘들 때가 있다. 하지만 소용돌이는 결정적인 순간에 우리를 붙들고 그 안으로 끌어들인다. 그 순간에 우리는 느닷없이 우리 또한 시작의 한 파편에 불과하다는 것을 깨닫는다. 이 파편은 우리의 삶을 탄생시킨 소용돌이 속에서(운명이 그것을 바깥으로 다시 내뱉지 않는 한) 무한한 부정의 억압을 이기지 못하고 완전히 사라지기 전까지는 맴돌기를 멈추지 않을 것이다.

세상에는 기원의 소용돌이 속으로 빨려 들어가기만을 기대하는 사람들이 있다. 반면에 어떤 이들은 기원에 대해 소극적이고 관조적인 태도를 유지하면서 가능한 한 소용돌이에 빨려 들어가는 일을 피하려고 애쓴다. 하지만 세상에는 두려움 또는 무지로 인해 소용돌이 안을 감히 들여다본 적이 없는 이들도 존재한다.

액체가, 다시 말해 존재가 취하는 두 가지 극단적인 형상은 물방울과 소용돌이다. 물방울은 액체가 스스로에게서 떨어져 나와 황홀경에 빠지는 지점에서 발생한다(물은 떨어지거나 흩어지면서 물방울로 분리된다). 소용돌이는 액체가 스스로를 향해 집중되는 지점, 회전을 통해 자신의 바닥으로 내려가기 시작하는 지점에서 발생한다. 세상에는 물방울-인간과 소용돌이-인간이 존재한다. 물방울-인간은 안간힘을 써서 바깥으로 분리되려고 노력하는 인간, 소용돌이-인간은 스스로를 중심으로 집요하게 몸을 휘감으며 더욱더 안쪽을 향해 뛰어넘기를 계속하는 인간이다. 흥미로운 점은, 물방울도 물속으로 떨어지면서 일종의 소용돌이를 일으키고 못을 형성하면서 관능적으로 변한다는 사실이다.

주체를 하나의 실체로 보기보다는 존재의 흐름 속에서 발생하는 하나의 소용돌이로 간주할 필요가 있다. 주체는 유일한 존재라는 것 외에 또 다른 실체를 가지고 있지 않다. 하지만 이에 비해 주체는 그에게 고유한 하나의 형상, 그만의 방식, 그만의 움직임을 가지고 있다. 바로 이런 각도에서 우리는 그의 실체와 방식 사이의 관계를 바라볼 필요가 있다. 방식이란 실체의 무한한 영역에서 발생하는 소용돌이, 스스로를 향해 깊이 빠져들고 스스로를 중심으로 맴돌면서 주체화되고, 그런 식으로 스스로에 대해 눈을 뜨고, 고통과 기쁨을 경험하는 소용돌이를 말한다.

이름들 역시(모든 이름은 하나의 고유한 이름인 동시에 신성한 이름이다) 언어의 역사적 변화 속에서 일어나는 일종의 소용돌이, 언어적 의미의 긴장감과 호소력이 스스로를 중심으로 맴돌다가 0에 가까워지는 지점의 소용돌이다. 이름으로 우리는 더 이상, 또는 여전히 아무 말도 하지 않는다. 이름을 우리는 단지 이름으로 부를 뿐이다.

아마도 그런 이유에서 우리는, 언어의 기원에 대한 우리의 고지식한 생각으로, 이름들이 마치 사전에서 보듯 분명하고 독립된 것으로 먼저 탄생했고 뒤이어 이들의 조합을 통해 담론을 형성한다고 생각하는지도 모른다. 하지만 이 천진난만한 상상력의 내용을 주의 깊게 관찰해보면 이름이 사실은 일종의 소용돌이이며 이 소용돌이가 언어의 의미론적 흐름을 중단시키고 골을 만든다는 사실, 그리고 그것이 단순히 언어의 의미를 전적으로 폐지하기 위한 것이 아니라는 사실을 이해할 수 있다. 명명이라는 소용돌이 속에서 언어 기호는 스스로를 향한 회전과 침몰을 통해 극단적으로 치열해지는 지점에까지 도달한 뒤, 무한한 압력이 가해지는 순간 빨려 들어가며 자취를 감추었다가 다른 편에서 다시 순수한 이름으로 등장한다. 시인이란 바로 모든 것이 그를 위해 이름으로 변신하는 소용돌이 속으로 뛰어드는 사람이다. 그는 담론의 흐름에서 의미 있는 말들을 취해 소용돌이 속으로 집어던지고 이들을 시라는 명료한 언어 속에서 이름으로 발견해낸다. 이 이름을 우리는 기원의 소용돌이 속으로 내려가는 길 끝에 도달해야만(그것이 가능하다면) 만날 수 있다.

In nome di che?

무엇의 이름으로?

부재하는 무언가의 이름으로 말을 한다거나 침묵한다는 것은 하나의 요구를 경험하고 제시한다는 것을 의미한다. 순수한 형태의 요구는 항상 어떤 부재하는 이름의 요구와 일치한다. 거꾸로 부재하는 이름은 우리에게 그것의 이름으로 이야기할 것을 요구한다. 무언가가 또 다른 무언가를 요구한다는 말은 전자가 존재한다면 후자도 존재해야 하지만 그렇다고 해서 후자가 전자의 논리적이거나 필연적인 결과여야 할 필요는 없을 때 하는 말이다. 요구가 요구하는 것은 사실 어떤 현실이 아니라 무언가의 가능성이다. 그런 식으로 어떤 요구의 대상이 된 가능성은 어떤 종류의 현실보다도 강한 힘을 지닌다. 그런 이유에서 부재하는 이름은 말의 가능성을 요구한다. 단지 어느 누구도 입 밖으로 낼 엄두를 내지 못할 뿐이다. 하지만 결국 이러한 요구의 이름으로 말하거나 침묵하기로 결심하는 사람은, 그의 말 또는 침묵을 위해, 또 다른 명분을 필요로 하지 않는다.

많은 세월이 흘렀지만, 유럽에서 그리 멀지 않은 한 나라의 정치적 상황이 극단적으로 악화되고 온 국민이 실의와 근심에 빠져 있었을 때다. 혁명이 일어나고 정부가 몰락하기 몇 달 전에, 어떤 사람의 웅변이 녹음된 카세트 테이프가 도처에 배포된 적이 있다.

자비롭고 인자하신 신의 이름으로, 깨어나십시오! 국왕이 나라의 발전에 대해 벌써 10년 전부터 얘기해오고 있지만 이 나라에는 우선적으로 먹을 것이 없습니다. 왕은 우리에게 미래를 약속하지만 국민들은 그의 약속이 허황된 말에 불과하다는 것을 잘 알고 있습니다. 나라가 물질적으로, 정신적으로 황폐해져 있습니다. 노동자 여러분, 학생 여러분, 농부, 장인, 상인 여러분 모두를 향해 외칩니다. 싸워야 합니다. 반대 세력을 형성해야 합니다. 정부의 몰락은 가까워졌습니다. 자비롭고 인자하신 신의 이름으로, 깨어나십시오!

이 목소리는 결국 불행하고 억압받는 사람들의 귀에 들어갔고 이어서 국왕은 도주할 수밖에 없는 상황에 몰렸다. 그렇다면 이제 우리의 경우를 살펴보자. 우리 시대에도 사람들은 불행과 슬픔에 빠져 있고 정치에 희망을 거는 것도 마찬가지로 부질없는 짓이다. 그러나 한때 누군가가 무언가의 이름으로(자비롭고 인자하신 신의 이름으로) 이야기할 수 있었던 반면, 우리 시대에는 누가 무엇의 이름으로, 또는 무슨 명분으로 목소리를 높일 수 있는가? 외치는 사람이 진실을 이야기하고 공감이 가는 말을 하는 것만으로는 사실 부족하다. 그의 말이 정말로 경청되려면 그가 무언가의 이름으로 이야기할 필요가 있기 때문이다. 모든 담화, 모든 대화 속에서 궁극적인 문제는 무엇의 이름으로 이야기하는가에 달렸다.

오랜 세월 동안 서양 문화사에서 결정적인 역할을 했던 모든 말들은 좋은 싫든 신의 이름으로 천명되어왔다. 모세뿐만 아니라 모든 예언자들과 예수까지도 신의 이름으로 말했고 신의 이름으로 고딕 양식의 성당이 건축되고 신의 이름으로 시스티나 성당의 천장화가 그려지고 그 이름에 대한 사랑 때문에 단테의 《신곡》과 스피노자의 《윤리학》이 집필되었다. 일상적인 삶에서도 절망과 기쁨, 분노와 희망의 순간에 인간의 말은 항상 신의 이름으로 발언되었다. 물론 십자군 전쟁의 발발과 무고한 사람들의 희생 역시 신의 이름으로 이루어진 일이었다.

하지만 오래전부터 사람들은 신의 이름으로 말하는 것을 포기했다. 예언자들은 옛날과는 달리 아무런 인기도 끌지 못하고(물론 이런 변화가 잘못된 일은 아니다) 사상가들과 작가들은 자신들의 말이 예언처럼 받아들여지는 것을 꺼려한다. 심지어 성직자들조차 미사 시간 외에 신의 이름이 거론되는 것을 반가워하지 않는다. 이들 대신에 신의 이름을 거론하는 사람은 전문가들이다. 이들은 자신들이 지닌 지식과 전문성의 이름으로 이야기한다. 하지만 자신의 지식과 기술의 이름으로 이야기한다는 것은 무언가의 이름으로 이야기한다는 것과는 거리가 멀다. 어떤 지식이나 기술의 이름으로 이야기하는 사람은 원칙적으로 그 지식이나 기술의 경계를 넘어서는 것에 대해서는 아무런 이야기도 할 수 없다. 우리가 던지고 싶은 질문들의 시급

함과 우리가 처한 복잡한 상황 앞에서 어렴풋이나마 우리는 기술적이거나 전문적인 어떤 종류의 앎도 우리에게 정답을 보장해줄 수 없으리라는 것을 직감한다. 결과적으로 우리는 전문가들과 기술자들의 말을 들을 수밖에 없는 상황에 놓여 있을 때조차도 이들의 말을 믿지 못한다. '경제'와 '기술'이 어쩌면 정치를 대신할 수는 있겠지만 우리에게 '이름'을, 무언가를 말하기 위한 명분을 선사하지는 못한다. 바로 그런 이유에서, 우리는 사물을 명명할 수는 있지만 더 이상 무언가의 이름으로 이야기하지 못하는 것이다.

이는 물론 철학자에게도, 그가 만약 이제는 대학의 학과목에 불과한 것으로 변해버린 지식의 이름으로만 말한다면, 당연히 해당되어야 할 이야기다. 철학의 말에 의미가 있었다면 그것은 철학이 어떤 지식을 기반으로 했기 때문이 아니라 오로지 일종의 무지에 대한 의식에서, 즉 모든 종류의 앎과 기술의 유보에서 출발했기 때문이다. 철학은 학문이 아니라, 모든 종류의 삶과 지식 분야에 느닷없이 생기를 불어넣고 스스로의 한계와 충돌하도록 만들 수 있는 하나의 강렬함이다. 철학이란 모든 지식과 학문

세계에 공표된 하나의 예외 상태를 말한다. 이 예외 상태는 이름을 가지고 있다. 바로 진실이란 이름이다. 하지만 진실은 우리가 말을 하기 위한 명분과 일치하지 않는다. 진실은 우리가 하는 말의 내용이다. 우리는 진실의 이름으로 이야기할 수 없으며 단지 진실을 말할 수 있을 뿐이다. 그렇다면 오늘날 철학자는 무엇의 이름으로 말하는가?

이는 시인에게도 해당되는 질문이라는 점에 주목해보자. 오늘날 시인은 누구의, 또는 무엇의 이름으로, 누구에게, 또는 무엇을 향해 말하는가? 누군가 말했듯이, 한 민족의 역사적 위상을 흔들 수 있는 가능성은 이제 사라진 것처럼 보인다. 예술과 철학, 시와 종교는, 적어도 서방 세계에서는, 한 민족의 시대적 염원의 형태를 취하면서 새로운 과제를 향해 용기를 불어넣을 만한 힘을 더 이상 가지고 있지 않다. 물론 그것이 나쁜 일이라고는 할 수 없다. 하지만 예술과 철학, 시, 종교는 문화적 볼거리로 변신했고 모든 역사적 효율성을 상실하고 말았다. 이것들은 사람들의 입에 오르내리는 이름에 불과할 뿐 무언가의 이름으로 거론되지 않는다.

무엇이 상황을 이 지경까지 몰고 왔든지 간에, 우리는 오늘날 신의 이름으로 이야기한다는 것이 더 이상 불가능하다는 것을 알고 있다. 그리고 앞서 언급했던 것처럼, 진실의 이름으로 이야기한다는 것도 불가능하다. 왜냐하면 진실이란 무언가의 이름이 아니라 하나의 담론이기 때문이다. 바로 이러한 이름의 부재가 할 말이 있는 사람에게 입을 여는 일 자체를 어렵게 만든다. 이제 말하는 이들은 경제의 이름으로, 위기와 정체 없는 과학의 이름으로, 지표와 정당과 기관의 이름으로, 보통은 아무런 할 말도 없는 상태에서 입을 여는 교활하고 삐딱한 사람들뿐이다.

힘들게 말할 용기를 찾아낸 사람은 말하거나 침묵할 때에도 부재하는 이름의 이름으로 입을 열거나 닫아야 한다는 사실을 잘 알고 있다.

부재하는 무언가의 이름으로 말을 한다거나 침묵한다는 것은 하나의 요구를 경험하고 제시한다는 것을 의미한다. 순수한 형태의 요구는 항상 어떤 부재하는 이름의 요구와 일치한다. 거꾸로 부재하는 이름은 우리에게 그것의 이름으로 이야기할 것을 요구한다.

무언가가 또 다른 무언가를 요구한다는 말은 전자가 존재한다면 후자도 존재해야 하지만 그렇다고 해서 후자가 전자의 논리적이거나 필연적인 결과여야 할 필요는 없을 때 하는 말이다. 요구가 요구하는 것은 사실 어떤 현실이 아니라 무언가의 가능성이다. 그런 식으로 어떤 요구의 대상이 된 가능성은 어떤 종류의 현실보다도 강한 힘을 지닌다. 그런 이유에서 부재하는 이름은 말의 가능성을 요구한다. 단지 어느 누구도 입 밖으로 낼 엄두를 내지 못할 뿐이다. 하지만 결국 이러한 요구의 이름으로 말하거나 침묵하기로 결심하는 사람은, 그의 말 또는 침묵을 위해, 또 다른 명분을 필요로 하지 않는다.

카발라주의자들에 따르면, 인간이 말을 할 수 있는 것은 이들의 언어 속에 신의 이름이 들어 있기 때문이다('신의 이름'은 하나의 동어 반복적인 표현이다. 유대교 내부에서 신은 곧 이름과 일치한다). 사실 토라Torah는 신의 이름을 구성하는 철자들의 한 조합에 지나지 않는다. 문자 그대로 토라는 신성한 이름들로 만들어졌다. 그런 이유에서, 숄렘에 따르면, "신의 이름은 모든 언어의 기원을 구축하는 본질적인 이름이다."

　카발라주의자들의 걱정을 한쪽으로 미뤄두면, 우리는 신의 이름으로 말한다는 것이 곧 언어의 이름으로 이야기한다는 것을 의미한다고 말할 수 있다. 시인과 철학자의 권위를 결정하는 것은 오로지 이들이 언어의 이름으로 말한다는 것뿐이다. 그렇다면 오늘날 인간의 언어에서 신의 이름이 사라지기 시작한 순간 벌어진 일은 무엇인가? 하나의 언어에서 신의 이름이 사라졌다면 그것은 대체 어떤 언어인가? 예기치 못한 만큼 결정적이었던 횔덜린의 대답은 그것이 더 이상 이름을 가지고 있지 않은 언어, 즉 시의 언어라는 것이었다. 그는 이렇게 말한다. "시인은 무기도 간계도 필요로 하지 않는다. 신의 부재가 그를 돕는 이상은."

　횔덜린에 따르면 '요구'는 하나의 이름을 가지고 있다. 이 이름은 바로 민중이다. 때로는 민중의 동의어처럼 여겨지는 신과 마찬가지로, 시인에게 민중은 항상 어떤 요구의 주체인 동시에 대상이다. 여기에 시인과 정치의 구축적인 연관성이 존재하며, 여기에 바로 시가 어느 시점에선가 부딪히게 되는 어려움이 존재한다. 민중이 다름 아닌 어떤 요구의 대상이기 때문에 결국에는 부재할 수밖에 없는 존재라면, 한편으로는 현대의 문턱에서 이 부재가 참을 수 없는 지경에 이를 때까지 증폭되었다는 것 또한 사실이다. 횔덜린의 시는 민중의 부재를 (그리고 신의 부재를) 하나의 재앙으로 경험한 시인이 철학에서 위안을 찾으며 철학자가 되는 지점을 가리킨다. 그런 식으로 횔덜린은 부재를 '도움'으로 전복시킨다("신의 부재가 그를 돕는 이상은"). 이러한 시도는 여하튼 철학자가 동시에 시인이어야만 성공할 수 있다. 시와 철학은 민중의 부재라는 경험 속에서만 서로 소통할 수 있다. 민중을 뜻하는 그리스어 '데모스demos'를 토대로 이러한 경험을 '아데미아ademia', 즉 '민중의 부재'라고 부른다면, 이는 시인과 철학자에게는(좀 더 정확히 말해 시인-철학자 또는 철학자-시인에게는) 시와 철학을 결합하는, 해체 불가능한 연관성의 이름인 동시에 그가 살면서 경험하는 정치 세계의 이름일 것이다(오늘날 우리가 경험하는 민주주의 'democrazia'는 본질적으로 아데미아ademia, 민중의 부재, 따라서 하나의 텅 빈 말에 불과하다).

휠덜린의 두 친구인 헤겔Georg Wilhelm Friedrich Hegel과 셸링Friedrich Wilhelm Joseph von Schelling이 시인이 되는 것을 원하지 않았다는 사실도(물론 시인이 된다는 것은 여기서 시를 쓴다는 것을 의미하는 대신 어느 시점에선가 휠덜린의 언어를 산산조각 내기 시작한 동일한 재앙을 경험한다는 것을 의미한다) 이와 무관하지 않을 것이다. 현대 철학이 스스로의 정치적 과제를 수행하는 데 실패한 이유는 스스로의 시적 과제를 배신했기 때문이며 시를 통해 위험을 감수할 줄 모르고 그것을 원하지도 않았기 때문이다. 하이데거Martin Heidegger는 철학이 휠덜린에게 진 빚을 갚기 위해 나름대로 노력을 기울였지만 시인이 되는 데는 성공하지 못했다. 그는 자신의 언어 속에 일종의 '철도 사고'가 일어날 수 있다는 가능성을 예감하고 두려워했다. 그런 이유에서 그에게도 '이름들'은 결국 부재하는 것으로 남았고, 바로 그런 이유에서 결국 그가 할 수 있는 것은 이름 없는 신을 향해 호소하는 것뿐이었다("한 신만이 우리를 구원할 수 있을 것이다").

우리가 말을 하거나 침묵할 수 있는 것은 오로지 아데

미아, 민중의 부재에 대한 우리의 의식에서 출발할 경우에만 가능하다. 민중을 포기해야만 했던 사람은(다른 방도를 취할 수 없었던 그는) 해야 할 말의 이름까지 잃어버렸다는 것을 알고 있고 더 이상 그것의 이름으로 말할 수 없다는 것 또한 알고 있다. 다시 말해 그는 (재고나 후회 없이) 정치가 고유의 공간을 잃어버렸고 정치의 범주들이 도처에서 무너져버렸다는 사실을 알고 있다. 아데미아ademia(민중의 부재), 아노미아anomia(이름의 부재), 아나르키아anarchia(무정부 상태)는 전부 동의어다. 이름의 부재 속에서 확산되는 사막을 명명하려는 시도를 통해서만 그는 아마도 말을 되찾을 수 있을 것이다. 이름이 언어의 이름이었다면 그는 이제 더 이상 이름 없는 언어로 이야기한다. 무언가의 이름으로 오랫동안 침묵한 사람만이 이름의 부재, 법의 부재, 민중의 부재를 명분으로 말할 수 있다. 이름 없이, 무정부적인 상태에서, 아무런 운율 없이. 그만이 정치와 도래하는 시에 다가설 수 있다.

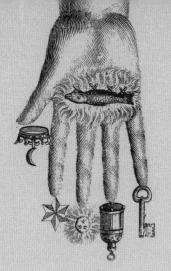

Pasqua in Egitto

이집트에서의 유월절

이집트 탈출을 기념하는 절기를 이집트에서 보낸다는 것은 무엇을 뜻하는가? 나는 첼란이 그가 시를 써야 하는 필연적인 이유와 그의 시적 과제가 안고 있는 불가능성에 대해 수차례에 걸쳐 이야기했던 모든 내용이, 즉 입을 다물 수밖에 없는 상황 속에서, 동시에 침묵의 흐름 속에서 시인으로 살아야 했던 그의 과제('이방인'이었던 잉게보르크가 처음부터 끝까지 매번 동의했던 과제)가 이집트에서의 유월절과 관련지어 검토될 때 특별한 방식으로 빛을 발하리라고 믿는다. '이집트에서의 유월절'은 그런 의미에서 파울(페자흐) 첼란의 모든 작품을 품에 안을 수 있는 제목이다.

이 짧은 글을 '이집트에서의 유월절'이라는 제목으로 소개하는 이유는 아마도 뒤에 가서 보다 분명해지리라고 본다. 나는 잉게보르크 바흐만Ingeborg Bachmann과 파울 첼란Paul Celan의 서간문에서 발견한 어떤 한 문장 때문에 굉장한 전율을 느낀 적이 있다. 누군가 이미 주목한 적이 있는지는 모르겠으나 나는 이 문장을 통해 첼란의 삶과 시(그가 분리할 수도 없었고 분리를 원하지도 않았던 삶과 시)를 새로운 방식으로 재조명할 수 있다고 본다.

문제의 문장은 첼란이 자신을 스위스 위티콘으로 초대하는 잉게보르크 바흐만과 막스 프리슈Max Frisch에게 답하면서, 1959년 4월 15일 프리슈에게 쓴 편지에 들어 있다. 첼란은 위티콘 방문 시기를 뒤로 미루기 위해 "유월절 기간에 런던에 있는 고모님 댁에 가야 한다"라고 말하면서 이렇게 덧붙인다. "이집트에서 단 한 번이라도 벗어난 기억은 없지만, 유월절은 영국에서 보낼 예정입니다."[*][**]

여기서 나는 불가능한 것에 대해, 아니 이 문장 안에 담긴 거의 생각조차 할 수 없는 것에 대해, 이 말에 내포된 유대주의의(유대주의 안에 위치하는 첼란의) 모순적인 상황에 대해 주목하고 싶다.

첼란은 여기서 스스로를 이집트에 머무는 유대인으로 간주한다. 다시 말해 유대인들의 유월절이 기념하는 모세의 이집트 탈출 이전, 또는 그것을 초월하는 차원에서 이집트의 유대인으로 간주한다.

문제의 핵심은 그렇다면 아마도 유대인들이 일반적으로 제2차 성전의 함락 시기와 일치시키는 디아스포라, 또는 망명 생활에 대한 기억의 회복보다 훨씬 더 근본적인

---

* 잉게보르크 바흐만·파울 첼란,《말을 찾아서. 서간문 1948~1973년 *Troviamo le parole. Lettere 1948~1973*》, F. Maione 감수(Roma : Nottetempo, 2010), 201쪽.

** (옮긴이) "이집트에서 단 한 번이라도 벗어난 기억이 없다"라는 첼란의 말은 전적으로 시적인 표현이다. 루마니아 출신의 유대 시인 파울 첼란은 2차 세계대전 당시 강제수용소에서 가족을 잃고 가까스로 살아남은 뒤 자신에게 끔찍한 고통을 안겨준 원수의 언어로 자신과 민족이 겪은 고난을 문학적인 언어로 승화시킨 인물이다. 첼란의 '이집트'가 상징하는 것은 바로 언어적 토양, 즉 원수의 언어를 자신의 시어로 받아들이면서 시작된 언어의 굴욕적인 포로 생활이다. "이집트에서 한 번도 벗어난 기억이 없다"라는 첼란의 말은 그가 바로 이 언어적 포로 생활에서 벗어난 적이 없다는 것을 의미한다. 저자가 뒤이어 첼란의 모든 시를 이집트에서 쓴 시로 간주하는 것 역시 동일한 차원에서 이해되어야 할 것이다.

차원의 무언가가 될 것이다.

　첼란은 이집트 탈출의 역사 바깥에, 모세도 없고 계명도 없는 유대주의 안에 위치한다. 그는 이집트 안에 남아 있다. 어떤 신분으로 살아가는지, 죄수인지 자유인인지, 또는 노예인지도 분명치 않지만 그는 이집트 외에 또 다른 집을 알지 못한다. 아마도 시온주의와 이보다 더 거리가 먼 유대주의를 상상한다는 것은 불가능할 것이다.

　나는 위의 문장을 읽은 뒤에야 첼란의 또 다른 문구가 가지고 있던 의미를 이해할 수 있었다. 이 문구를 나는 첼란처럼 체르노비츠에서 태어났고 포로 생활을 했던 화가 아비그도르 아리카Avigdor Arikha를 통해 전해 들었다. 팔레스타인에서 전투가 시작되었을 무렵이었고 시온주의 사단에 입대한 아리카는 첼란에게 자신처럼 고국을 위해 군인이 될 것을 종용하기 시작했다. 하지만 첼란의 대답은 아주 간단했다. "내 고국은 부코비나야." 시간이 한참 흘렀음에도 불구하고 이야기를 전하는 아리카는 첼란이 어떻게 그런 발언을 할 수 있었는지에 대해 전혀 이해하지 못하는 눈치였다. 어떻게 유대인이 루마니아의 부코비나가 자신의 고국이라고 이야기할 수 있단 말인가?

나는 자신이 이집트에서 결코 벗어난 적이 없다는 첼란의 말을 아리카가 알고 있었다면 고국이 부코비나라는 말의 의미도 충분히 이해할 수 있었으리라고 생각한다. 이집트에 남아 있는 사람에게는 다윗의 도시 예루살렘도 고국이 될 수 없었을 것이다. 1968년, 내지 1969년에 쓴 한 편의 시에서 첼란이 예루살렘을 언급하며("너 예루살렘아, 일어나라. 이제, 몸을 일으켜라") 자신을 향해 "너와 관계를 끊은 누군가"를 대하듯이 말하는(독일어로는 더욱 강렬한 느낌을 주는 표현이다. "Wer das Band zerschnitt zu dir hin, 너와의 관계를 완전히 잘라내버린 자") 것도 바로 그런 이유에서였을 것이다. 첼란의 연인 일라나 시무엘리Ilana Shmueli는 첼란이 세상을 떠나기 몇 달 전 예루살렘에서 보낸 짧고 강렬했던 시기를 떠올리며 이렇게 기록했다. "이곳에도 소속될 수 없다는 걸 그는 알고 있었다. 그로 인해 이루 말할 수 없는 고통을 받았고, 거의 도망치다시피 했다."

하나의 이집트 유대주의가 지니는 이런 불합리한 상황 외에도 첼란의 문구는 또 하나의, 그리고 훨씬 더 현기증 나는 모순을 안고 있다. 이 모순은, 이집트 밖으로 한 번도 벗어난 적이 없으면서 모든 곳(파리, 런던, 체르노비츠,

예루살렘)이 집이나 다름없는 첼란이 이집트에서 이집트
로부터의 탈출을 기념하는 유월절을 보내야 한다는 사실
의 모순이다.

내가 주목하고 싶은 것이 바로 이집트에서 유월절을
보내야 한다는 이 불가능한 과제다. 왜냐하면 바로 이 과
제가 첼란의 삶의 공간뿐만 아니라 그가 쓴 시의 공간을
확인할 수 있도록 허락해주리라고 믿기 때문이다.

이 시점에서 결코 놀랍다고 할 수 없는 것은, 바흐만
에게 보내는 서신이 그녀에게 헌정된 '이집트에서'라는 밑
줄 그은 제목의 시로 시작되고 있다는 사실이다. 이집트에
서! 첼란의 모든 시와 마찬가지로, 이집트에서 쓴 시라는
뜻이다. 그리고 한 명의 '이방인' 여인에게 쓴 시다. 뒤이어
쓴 또 다른 편지를 통해 파악할 수 있듯이 이 이방인 여인
은 어떤 의미에서는 이집트에서 시를 쓴다는 것의 기초와
정당성을 마련해주는 존재라고 볼 수 있다.*

나는 이집트에서의 유월절과 첼란의 시가 처한 상황

---

* 잉게보르크 바흐만·파울 첼란, 같은 책, 78~79쪽. 1957년 10월 31일, 첼란이
바흐만에게 보낸 편지.

이 근본적인 차원에서 상응한다고 믿는다. 첼란의 유월절과 시는 바로 이집트라는 이름의 동일한 이질적 요소 안에서 서로 소통한다.

이러한 상관성은 페자흐Pesach, 즉 '유월절'이라는 용어가 첼란에게 특별한 의미를 지닌다는 점을 기억할 때 좀 더 분명해진다. 널리 알려진 바와 같이 전통적인 집안에서 태어난 모든 유대인은 태어난 지 8일째 되는 날 또 하나의 비밀스러운 이름, '유대의 이름'을 얻는다. 이 이름은 구전으로만 전달되고 종교적 축일이 돌아올 때만 사용된다.

태어나면서 파울이라는 이름을 얻은 첼란이 8일 뒤에 얻은 또 하나의 비밀스러운 이름이 바로 페자흐, '유월절'이다. 아브라함과 야훼의 동맹에 참여한다는 차원에서 얻어진 그의 이름은 어쨌든 파울이 아니라 페자흐 안첼Pesach Antschel이었다. 첼란은 이를 사망하기 1년 전 즈음 엄숙한 분위기 가운데 일라나에게 이야기한 적이 있다. 물론 이는 널리 알려진 사실이지만 그가 자살한 것이 1970년 4월, 즉 다름 아닌 유월절 기간이었다는 것을 아는 사람은 그다지 많지 않을 것이다.

이집트에서 한 번도 벗어난 적이 없는 첼란에게는 어

쨌든 자신의 이름 때문에 이집트에서 유월절을 보내야 한다는 불가능한 과제가 주어진다.

하지만 유월절을, 즉 이집트 탈출을 기념하는 절기를 이집트에서 보낸다는 것은 무엇을 뜻하는가?

나는 첼란이 그가 시를 써야 하는 필연적인 이유와 그의 시적 과제가 안고 있는 불가능성에 대해 수차례에 걸쳐 이야기했던 모든 내용이, 즉 입을 다물 수밖에 없는 상황 속에서, 동시에 침묵의 흐름 속에서 시인으로 살아야 했던 그의 과제('이방인'이었던 잉게보르크가 처음부터 끝까지 매번 동의했던 과제)가 이집트에서의 유월절과 관련지어 검토될 때 특별한 방식으로 빛을 발하리라고 믿는다.

'이집트에서의 유월절'은 그런 의미에서 파울(페자흐) 첼란의 모든 작품을 품에 안을 수 있는 제목이다.

Sulla difficoltà di leggere

글 읽기의 어려움에 관하여

독서가 불가능한 글쓰기가 있는 반면 글쓰기가 없는 독서가 있다. 하지만 이 두 가지 경우가 모두 우리에게는 사실 굉장히 유사한 경우라는 점에 주목할 필요가 있다. 즉 독서와 글쓰기가 서로 분리할 수 없을 정도로 밀접하게 연관되어 있다고 보는 우리의 일반적인 생각 자체를 뒤흔드는 독특한 독서와 글쓰기의 경험을 우리는 필요로 한다. 이 독서와 글쓰기는 서로를 견제하면서, 동시에 읽고 쓰는 행위를 선행한 뒤 이 행위를 항상 동반하는 무언가 읽을 수 없고 쓸 수 없는 것을 상기시킨다.

여기서 내가 다루려는 주제는 독서나 독서가 수반하는 위험이 아니라 좀 더 근본적인 위험, 즉 읽는다는 것 자체의 어려움, 또는 불가능성이다. 독서가 아닌 독서의 불가능성에 대해 이야기해보자.

누구든 책을 읽고 싶지만 잘 읽히지 않는 순간들, 책을 펼쳐 들고 집요하게 책장을 넘겨보지만 책이 그야말로 우리의 손아귀에서 빠져나가는 듯한 순간을 경험한 적이 있을 것이다.

수도사들의 삶에 관한 논문들을 살펴보면 바로 이런 종류의 경험이 수도사들로 하여금 무릎을 꿇게 만들던 가장 혹독한 시험이었다는 것을 확인할 수 있다. 나태, 정오의 악령을 비롯해 종교인들을 위협하는 가장 무서운 유혹들이 책 읽기의 어려움을 통해 모습을 드러낸다. 이에 대해 성 닐로San Nilo*가 제시하는 설명을 읽어보자.

책을 읽다가 불안해하면서 독서를 멈춘 나태한 수도사는 일 분이 채 지나지 않아 졸기 시작한다. 이어서 손으로 얼굴을 비비고 손가락을 쭉 편 뒤 몇 줄을 더 읽어보지만 사실은 단어들의 끝을 전부 더듬거리듯 반복할 뿐이다. 그러는 사이에 머릿속이 쓸데없는 계산으로 가득해진 그는 다 읽지 못한 책의 페이지 수를 세거나 공책의 종이 수를 세기 시작한다. 글자와 눈앞에 펼쳐진 멋진 그림들을 증오의 눈길로 바라보다가 그는 끝내 책을 덮고 책을 베개 삼아 짧고 깊은 잠에 빠져든다.

여기서 영혼의 건강은 책의 독서 가능성과(중세에 책을 읽는 일은 세상을 읽는 것과 같았다) 일치하고 반면에 죄는 독서 불가능성과, 세상 읽기의 불가능성과 일치한다.

동일한 차원에서 시몬 베유Simone Weil도 하나의 세상 읽기와 읽지 않기에 대해, 즉 모든 해석과 설명을 거부하는 하나의 불투명함에 대해 이야기한 적이 있다. 나는 세

---

* (옮긴이) 성 닐로(910~1004)는 이탈리아 로사노 출신의 바실리오 수도회 수도사, 은자, 필경사, 수도원장으로 그로타페라타의 산타 마리아 수도원을 세웠다.

상의 책이 독자 여러분의 손아귀에서 빠져나가는 순간, 책을 읽을 수 없는 순간, 불투명함의 순간에 주목하라고 권하고 싶다. 그만큼 독서의 불가능성은 독서 못지않게 중요하고 독서 이상으로 많은 것을 가르쳐준다.

세상에는 또 하나의, 보다 뿌리 깊은 독서 불가능성이 존재한다. 내가 이야기하려는 것은 몇 세대 전만 해도 만나는 것이 그리 어렵지 않았던 문맹자들이다. 1세기 전만 해도, 적어도 이탈리아에서는 대다수를 차지하던 문맹자들이 우리의 기억에서 너무 빨리 사라져버린 것이 사실이다. 페루의 위대한 시인 세사르 바예호는 자신의 시에 이런 표현을 사용한 적이 있다. "내가 글을 쓰는 것은, 문맹자를 위하여." 중요한 것은 이 "위하여"라는 말의 의미를 이해하는 일이다. 이는 "문맹자가 내 글을 읽도록 하기 위해서"라는 뜻이 아니다. 문맹자가 글을 읽을 수 없는 이상 그건 논리적으로 불가능한 일이다. "위하여"는 반대로 "그를 대신해서"라는 뜻이다. 이는 프리모 레비Primo Levi가 아우슈비츠에서 보통 무슬림이라고 불리던 사람들, 즉 수용소에 끌려오자마자 모든 지각 능력을 상실해서 증언할 수 있는 가능성조차 가지고 있지 않던 이들을 위해 증언을 하겠다고 나섰던 것과 비슷하다.

읽을 수 있는 눈이 없는 사람들을 위해 쓰였고 어떤 의미에서는 글을 쓸 줄 모르는 손으로 쓴 책의 특별한 위상에 대해 깊이 생각해보기 바란다. 문맹자 또는 아우슈비츠의 무슬림을 위해 글을 쓰는 시인 또는 작가가 시도하는 것은 읽힐 수 없는 것을 쓰는 일, 종이 위에 읽힐 수 없는 것을 적는 일이다. 바로 그런 이유에서 이들의 글은 글을 알고 읽을 수 있는 사람들만을 위해 쓰인 글보다 훨씬 흥미롭다.

독서가 불가능한 또 하나의 경우를 예로 들어보자. 벤야민이 이른바 '독서의 시간'이라고 부르던 순간을 아직 경험하지 못한 책들의 경우다. 이 책들은 누군가가 쓰고 출판했지만 여전히(어쩌면 영원히) 읽히기만을 기다리고 있는 책들이다. 나는 읽을 만한 가치가 분명히 있는데도 전혀 읽히지 않거나 아니면 극소수의 사람들만 읽은 책들을 여러분 모두가 나름대로 열거할 수 있으리라 생각한다. 이러한 책들의 위상은 무엇인가? 나는 이 책들이 정말 훌륭한 책이라면 기다림보다는 하나의 요구에 대해 이야기하는 것이 옳다고 본다. 이 책들은 읽힌 적이 없고 영원히 읽히지 않을 수도 있지만, 기다리는 대신 읽힐 것을 요구하고 있다. 요구는 상당히 흥미로운 개념이다. 사실이라는 범주에 관여하지 않고 좀 더 상위의, 좀 더 결정적인 범주에 관여하는 개념이다. 하지만 이 개념의 본질에 대한 성찰은 독자의 몫으로 남겨두기로 하자.

대신에 편집자들과 책을 만드는 일에 종사하는 분들에게는 진심 어린 충고를 한마디 남기고 싶다. 여러분은 수치스러운 언사에 몰두하는 일을 그만두어야 한다. 가장 많이 팔린 책, 결과적으로 가장 많이 읽힌 책들의 순위라는 수치스러운 표현에 신경을 끄고 대신에 읽히기를 요구하는 책들의 순위를 머릿속에 그려보기 바란다. 이러한 요구를 토대로 하는 출판사만이 오늘날의 독서 문화가 겪고 있는 위기로부터 책을 구해낼 수 있을 것이다.

한 시인은 자신의 시학을 다음과 같은 문구로 요약해 표현한 적이 있다. "한 번도 쓰인 적인 없는 것을 읽기." 보다시피, 이 시학은 책을 읽지 못하는 문맹자를 위해 글을 쓰는 시인의 경험과 어떻게 보면 정반대되는 경우라고 할 수 있다. 독서가 불가능한 글쓰기가 있다면 여기에 글쓰기가 없는 독서가 상응할 것이다. 물론 시간이 뒤바뀐다는 점을 정확히 해둘 필요가 있다. 먼저 독서가 전혀 뒤따르지 않는 글쓰기가 있고 이어서 글쓰기가 전혀 이루어지지 않은 상태에서의 독서가 등장한다.

하지만 이 두 가지 경우가 모두 우리에게는 사실 굉장히 유사한 경우라는 점에 주목할 필요가 있다. 즉 독서와 글쓰기가 서로 분리할 수 없을 정도로 밀접하게 연관되어 있다고 보는 우리의 일반적인 생각 자체를 뒤흔드는 독특한 독서와 글쓰기의 경험을 우리는 필요로 한다. 이 독서와 글쓰기는 서로를 견제하면서, 동시에 읽고 쓰는 행위를 선행한 뒤 이 행위를 항상 동반하는 무언가 읽을 수 없고 쓸 수 없는 것을 상기시킨다.

내가 이야기하려는 것이 구전문학이라는 것을 여러분은 이미 알아차렸을 것이다. 문학은 구전과 은밀한 관계 속에서 탄생했다. 무엇 때문인가? 단테가 자신의 문학을 위해 구어를 선택했을 때 그것이 바로 한 번도 읽힌 적이 없는 것을 쓰기 위한 결정이 아니었다면 무엇이겠는가? 한 번도 활자화된 적이 없는 언어, 즉 '모성적 언어'인 문맹의 언어, 다시 말해 구어로만 존재하는 언어를 읽기 위한 시도가 아니라면 무엇이었겠는가? 모성적 언어를 문어로 탈바꿈시키는 일이란 단순히 그것을 옮겨 적는 것이 아니라, 여러분도 알다시피, 하나의 시적 언어를 창조하는 일, 세상 어디에도 존재하지 않는 훌륭한 구어를, 중세 동물 사전의 표범처럼 "도처에서 향기를 발하지만 어느 곳에도 존재하지 않는" 언어를 창조해내는 일이다.

나는 20세기 이탈리아에서 일어난 시문학의 부흥을 올바르게 이해하려면 독서가 불가능한 구전의 요소, 단테가 말하기를 "머릿속에서 유일하게 가장 먼저 존재하는" 요소에 대한 일종의 환기喚起를 발견해야 할 필요가 있다고 본다. 다시 말해 20세기 이탈리아 시문학의 부흥이 그에 상응하는 방언 시의 부흥과 함께 이루어졌다는 점을 이해할 필요가 있다. 어쩌면 20세기의 이탈리아 문학 전체가 문맹 상황에 대한 무의식적인 기억, 거의 간절함까지 엿보이는 회상으로 점철되어 있다고 볼 수 있을 것이다. 한쪽 페이지에 방언으로 쓰인(또는 옮겨 적은) 글이 있고 맞은편에 이를 번역한 글이 실린 책을 누가 읽는다면 아마도 불안한 마음으로 이쪽에서 저쪽 페이지로 눈을 옮기는 동안 진정한 의미에서의 시가 이쪽이나 저쪽에 있는 것이 아니라 그 사이의 텅 빈 공간에 위치할 수도 있다는 것을 깨닫게 될 것이다.

독서의 어려움에 관한 이 짧은 글을 마치면서 독자 여러분에게 안겨주고 싶은 질문이 하나 있다. 우리가 시라고 부르는 것은 사실 글로 쓰인 언어를 그것의 기원이 되며 동시에 여정의 목표가 되는 '읽기가 불가능한 지점'으로 되돌려 보내기 위해 그 언어 속에 거주하면서 그 언어를 끊임없이 다루고 다스리는 무언가와 같지 않은가?

Dal libro allo sherme.
Il prima e il dopo del libro

책에서 화면으로, 책의 이전과 이후

생각한다는 것은 글을 쓰거나 읽는 동안 백색 페이지를 떠올린다는 것을 의미한다. 생각한다는 것은, 글을 읽는 것과 마찬가지로, 질료를 기억한다는 것을 의미한다. 망가넬리와 말라르메의 책들이 '책'을 백색 페이지라는 순수한 질료의 상태로 가져가려는 시도에 다름 아니었듯이, 컴퓨터 사용자는 이 화면, 이 물리적인 '장애물', 이 형태 없는 것이(모든 형태는 그것의 흔적에 지나지 않는다) 그에게 끝내는 볼 수 없는 것으로 남기 때문에 발생하는 비물질적인 성격에 대한 관념의 허구를 중성화할 줄 알아야 할 것이다.

롤랑 바르트가 콜레주 드 프랑스에서 마지막으로 가진 강의 제목은 "소설의 준비"였다. 바르트는 강의를 시작하면서 처음부터 마치 임박한 죽음을 예감이라도 한 듯, 인간은 죽는 존재라는 사실이 더 이상 모호한 느낌이 아니라 하나의 확실성으로 다가오는 순간에 대해 이야기한다. 이어서 그는 몇 달 전에 새로운 방식, 즉 "내가 한 번도 시도해본 적이 없는 방식으로" 글쓰기에 전념할 것을 결심했다고 말한다.

강의의 주제 역시 어떻게 보면 이러한 그의 결심과 일맥상통한다고 볼 수 있다. 바르트는 강의 주제를 "글을 쓰고 싶은 욕망"이라는 문구로 표현하고 있는데 이 문구는 글이 편집되기 이전 단계인 "불분명하고 연구가 불충분한" 시기를 가리킨다. 특히 바르트는, 강의가 "소설의 준비"를 다루고 있는 만큼, 대략적으로, 아직 "유령과 다름없는 소설"이 준비 단계의 문장, 단상, 메모 들과 유지하는 관계의 문제에 대해, 그리고 소설이 파편적인 상태에서 본격적인 형태를 갖춘 소설로 전이하는 과정에 대해 언급한다.

하지만 이 중요한 주제, "불충분한 연구"의 시기에 관한 이야기는 제쳐두고 바르트는 느닷없이 일본의 하이쿠를 다루기 시작한다. 우리가 딱딱하게 코드화된 형태로만 알고 있는 하이쿠라는 시 장르와는 전혀 어울린다고 할 수 없는 주제지만, 우리는 바르트의 강의를 이를테면 "글 또는 책의 이전"이라는 문구로도 요약할 수 있을 것이다.

내가 이 "책의 이전"이라는 표현으로 가리키려는 것은 책 또는 완성된 작품을 선행하는 모든 것들, 가령 낙서, 메모, 초고, 노트, 유령 등으로 이루어진 이전 또는 이하의 세계, 이들의 고성소다. 우리 문화는 이러한 요소에 정당한 위상이나 적절한 모양새를 부여할 줄 모른다. 이는 아마도 우리가 창조나 작품에 대해 품고 있는 생각에 신이 세상을 창조했다는 신학적 패러다임의 무게가, 그 무엇과도 비교할 수 없는 창조 순간fiat의 무게가 실려 있기 때문일 것이다. 신학자들은 보통 이 창조의 순간이 재료를 토대로 하는 창조가 아니라 '무無에서 이루어낸 창조creare ex nihilo'

이며 어떤 물질에 의한 창조가 아니라 주저함이나 돌이킴 없이 순간적으로, 아무런 대가 없이 즉각적으로 주어지는 의지의 실현이었다고 말한다. 이런 논리에 따르면 신은 세상을 창조하기 전에 메모도, 초안도 작성하지 않았다는 결론을 내릴 수 있다. 아니, 좀 더 정확히 말하면 "창조 이전"이라는 문제, 즉 세상을 창조하기 전에 신은 무엇을 하면서 보냈는가라는 질문은 신학에서 하나의 금기 사항으로 간주된다. 그리스도교의 신은 구축적인 차원에서 본질적으로 창조자와 일치한다. 이러한 특징이 너무 강했기 때문에 오히려 창조 이전에 관한 껄끄러운 질문을 서슴지 않았던 영지주의자들과 세상 사람들에게, 아우구스티누스Aurelius Augustinus는 사실상 답이 없음을 인정하는 것과 다를 바 없는 아이러니하고 위협적인 말로 답변을 대신하곤 했다. "신은 부당한 질문을 하는 자들에게 벌을 내리려고 회초리를 만든다."

아우구스티누스의 입장을, 아울러 수세기가 지난 뒤에도 이 문제를 거의 똑같은 어조로 다루는 루터Martin Luther의 입장을 문제 삼고 싶은 생각은 없지만 실제로 신학 분야의 상황은 그리 간단하지만은 않다. 예술가의 창조에 대한 르네상스식 사고에 지대한 영향력을 발휘했던 플라톤 학파의 사상에 따르면, 신은 그가 창조할 모든 피조물의 구도를 일찍부터 머릿속에 가지고 있었다. 물론 물질적 재료나 초안 같은 것을 언급한다는 것은 불가능하지만 신에게도 창조를 선행하는 무언가가, 성서가 말하는 6일 동안의 창조 기간 동안 열성적으로 완성될 세상의 창조를 한참 "앞서는" 무언가가 존재한다는 것이었다. 카발라가 언급하는 한 신학 전통에 따르면 신이 무無에서 세상을 창조했다는 이야기는 신이 세상을 만든 재료가 바로 무라는 것을, 신의 작품은 문자 그대로 무로 이루어졌다는 것을 의미한다고 한다.

내가 주목하고 싶은 것이 바로 이 어두운 '이전 세계', 이 불순하고 금지된 재료의 세계다. 이를 통해 창조 행위뿐만 아니라, 무엇보다도 완성된 작품과 그것이 구체화된 형태, 즉 책에 대에 우리가 가지고 있는 일반적인 생각에 문제점을 제기하는 것이 가능해진다.

1927년 프란체스코 모론치니Francesco Moroncini*가 원전 연구판으로 출간한 레오파르디Giacomo Leopardi**의 시집 《노래Canti》는 각각의 시에 평과 주석을 다는 데 그치지 않고 일련의 철자 확인 과정을 거쳐 모든 시의 수사본을 원래의 모습대로 고스란히 재생했다. 그는 수정 사항, 변경 내용, 저자가 여백이나 행 사이에 기록해둔 메모까지 빠짐없이 재생했을 뿐 아니라 시들의 초안까지, 그리고 드물게 등장하는 이른바 '산문 형식의 스케치'까지 함께 실어 책을 펴냈다. 이 책을 처음 읽는 독자는 어리둥절할 수밖에 없다. 평소에는 완벽해 보이던 시들이 느닷없이 본래의 구성력을 잃고 느슨하고 모호해지면서 독자로 하여금 시들이 초고에서 편집 단계까지 도달하는 과정을 처음부터 답습하도록 만들기 때문이다. 그런 식으로 시간과 공간을 통해 확장된 상태의 시들은 정체성과 본연의 자리를 잃은

---

* (옮긴이) 프란체스코 모론치니(1866~1935)는 이탈리아 문학비평가, 작가, 교수. 최초로 자코모 레오파르디의 시와 산문을 연구한 비평가다.
** (옮긴이) 자코모 레오파르디(1798~1837)는 낭만주의를 대표하는 이탈리아 시인이자 문법학자, 문헌학자, 철학자다. 19세기의 가장 위대한 시인으로 칭송받는 인물이며 대표적인 작품들이 실린 시집 《노래》 외에, 문학비평을 비롯해 도덕적·철학적 성찰이 담긴 방대한 분량의 산문집 《지발도네Zibaldone》가 있다.

모습으로 드러난다. 〈기억Le ricordanze〉은 어디에, 〈저녁 노래Canto notturno〉와 〈무한함L'infinito〉은 어디에 있는가? 창조 과정으로 되돌려진 상태의 시들을 하나의 통일된 작품으로 읽는다는 것은 불가능한 일이다. 이는 어떤 화가가 한 인물의 초상화를 그리면서 여러 시기에 걸친 상이한 모습들을 한 얼굴에 표현하려고 시도했을 때 실제로는 아무도 알아볼 수 없는 것과 마찬가지다.

위에서 언급한 이른바 '산문 형식의 스케치'는 《선조들을 위한 송가L'inno ai patriarchi》와 같은 몇몇 경우에만 남아 있다. 하지만 이 수수께끼 같은 산문은 대체 무엇인가? 《노래》를 두고 엉망으로 쓰인 볼품없는 비유처럼 느껴지면서도 오히려 모든 면에서 마그마처럼 타오르는 핵심 내지 시의 살아 있는 배아처럼 다가오는 이 산문들은 과연 무엇인가? 이 글들은 어떻게 읽어야 하나? 완성된 시를 바라보며 어떻게 하나의 완벽한 유기체가 그토록 무의미한 단상에서 발전할 수 있었는지 탐색하는 방식으로? 아니면 이 몇 줄 안 되는 문장들 속에 시의 영감과 원천이 기적적으로 함축되어 있다고 보고 글 자체를 연구하는 방식으로?

이 문제는 스케치나 초고의 범위를 문학에만 국한시키지 않고 시각예술 분야에서 원래의 스케치에 완성된 작품이 뒤따르지 않은 경우까지 포함시키면 훨씬 더 복잡해진다. 카프카의 일기는 종종 아주 짧은 형식의 도입부와 그가 글쓰기에 본격적으로 착수한 적이 없는 이야기들로 꽉 차 있고, 예술사에서도 우리는 한 번도 그려진 적이 없는 화폭과 연관시킬 수밖에 없는 스케치들을 자주 발견하게 된다. 그렇다면 이 스케치나 초고 단계의 단상들을 우리 마음대로 상상 속의 미래에 투영하면서 부재하는 작품을 떠올려야 하나? 아니면 이 글들을 글 자체로 높이 평가하는 것이 더 그럴 듯해 보일까? 분명한 것은 이러한 질문 자체가 사실은 우리가 그다지 중요하지 않다고 생각하는, 완성된 작품과 스케치 사이의 차이를 본격적으로 문제 삼는다는 점이다. 예를 들어 많은 이들이 시몬 베유의 가장 중요한 작품이자 가장 완성도가 높은 작품으로 간주하는 노트북 속의 유고와 단상들이 그녀가 출판한 책이나 글과 다른 것은 무엇 때문인가? 에드가 빈트Edgar Wind*는《예술

---

* (옮긴이) 에드가 빈트(1900~1971)는 독일의 미술사가로 부르크연구소의 부

과 무정부 상태*Art and Anarchy*》라는 작지만 걸작에 가까운 저서를 통해 슐레겔Friedrich Schlegel부터 노발리스Novalis에 이르는 낭만주의 철학자들이 단상과 아포리즘을 완성된 작품보다 우월한 것으로 보았고, 바로 그런 이유에서 의도적으로 자신들의 글을 단상의 형태로 남겨두었다고 설명한 바 있다. 아마도 미켈란젤로Michelangelo Buonarroti가 새 성물안치소Sagrestia Nova의 조각들을 미완성 단계로 내버려두자는 결정을 내렸을 때 그의 의도도 이와 크게 다르지 않았을 것이다.

이런 관점에서 이미 수십 년 전부터 원전 분석이라는 문헌학 분야, 즉 책의 판본을 다루는 학문 분야에서 일고 있는 커다란 변화에 주목할 필요가 있다. 카를 라흐만Karl Lachmann*을 중심으로 하는 문헌학 전통을 이어받아 출판

소장을 역임했고 1955년 옥스퍼드대학에 최초의 예술사 교수로 부임해 1967년까지 강의했다. 르네상스 미술을 동시대의 철학과 관련시켜 해석하는 데 주력했고 알레고리와 르네상스 시대의 세속 신화 연구에 뛰어난 업적을 남겼다. 주요 저서로《르네상스에서의 세속 신비*Pagan Mysteries of the Renaissance*》와《예술과 무정부》가 있다.
* (옮긴이) 카를 라흐만(1793~1851)은 독일 언어학자, 고전 문헌학자, 신약 성서 문헌학자. 공인된 성서 원문을 포기하고 가장 오래된 그리스 사본을 기본으로

인들은 언젠가부터 글의 빈틈없고 유일한 최종 판본을 재구성하는 일에 몰두하기 시작했다. 독일에서 최근에 완성된 횔덜린의 웅장한 작품 전집이나 여전히 편집되고 있는 카프카 전집을 손에 쥐어본 사람은 이 책들이 모론치니의 방법을 극단적인 방식으로 활용하면서 수사본의 모든 단계를 재생해내지만, 여러 종류의 판본들을 더 이상 구분하지 않고 상이한 판본이나 누락된 내용들을 부록을 통해 대조하지도 않는다는 사실을 확인하게 된다. 이러한 특징은 문학 작품의 정체를 이해하는 방식에 결정적인 변화를 가져올 것이다. 실제로는 수많은 판본 중에 어느 것도 '원문'이 되지 못한다. 원문 자체가 무한한 잠재력을 지닌 하나의 과정으로 등장하기 때문이다. 이 잠재력은 모든 단상과 초고와 스케치 들을 포함하는 과거뿐만 아니라 어느 시점에선가 저자의 개인적인 사정, 또는 결심에 의해 오로지 우연한 방식으로 단절된 미래를 향해서도 무한히 열려 있다. 제임스 로드James Lord*가 《자코메티의 초상화A Giacometti

---

그리스어 신약 성서를 해석해낸 최초의 문헌학자다. 라흐만은 수많은 2차 사료들을 토대로 계산해낸 타당성을 근거로 원전을 평가했다. 그런 차원에서 현대 문헌학의 기초를 마련한 인물로 평가받는다.

Portrait》에서 몇 번에 걸쳐 언급한 사실이 한 가지 있다. 자코메티Alberto Giacometti가 세잔Paul Cézanne처럼 "그림은 절대로 완성되지 않으며 어느 순간 그리기를 멈출 뿐"이라는 말을 끝없이 반복했다는 사실이다.

책의 편집 과정을 종결짓는 교정은 완성이라는 특별한 위상을 작품에 부여하지 않는다. 여기서 완성이라는 말이 의미하는 것은 단지 한 작품이 단절과 포기를 통해 무한한 잠재력을 지닌 창조적 과정의 한 단상으로 구축될 때 비로소 마쳤다는 말을 할 수 있다는 것이다. 창조의 무한한 잠재력 앞에서 이른바 '완성된' 작품은 미완성 작품과, 우연한 경우를 제외하고는, 구별할 수 없는 것으로 남는다.

이러한 생각이 옳다면, 즉 모든 작품이 본질적으로 하나의 단상에 불과하다면, 당연히 우리는 책의 '이전'뿐만

---

* (옮긴이) 제임스 로드(1922~2009)는 미국 작가로 2차 세계대전 시기에 스물한 살의 나이로 프랑스에 첫 발을 디딘 후 파리에 거주하면서 자코메티와 피카소를 비롯한 유럽의 유명 예술가들과 교류하며 많은 영향을 받았다. 전기《자코메티의 초상화》로 미국도서비평가상 후보에 올랐다.

아니라 '이후'에 대해서도 논의해야 할 것이다. 물론 책의 '이후'는 '이전'만큼 중대한 문제지만 훨씬 덜 검토되는 분 야다.

엄청난 분량의 대작을 완성한 아우구스티누스는 세상 을 떠나기 3년 전인 서기 427년에《재론*Retractationes*》이라 는 제목의 글을 발표했다. 오늘날 재론이라는 용어는(법률 분야에서 재심이나 재판 과정에서 이뤄진 증언을 거짓으로 선포 하는 경우를 제외하고도) 이미 언급되거나 기록된 내용을 부 인하거나 거짓이었음을 인정하는 '악화'의 의미를 가지고 있을 뿐이다. 하지만 아우구스티누스는 이 용어를 '다시 다룬다'는 뜻으로 사용한다. 그는 겸손한 자세로 자신이 쓴 책들을 돌아보며 이야기한다. 부족한 점과 정확하지 못 한 부분을 보완하기 위해서라기보다는 글들의 의미와 목 적을 분명히 밝히기 위해서다. 어떻게 보면 아우구스티누 스는 결국 자신이 쓴 책들을 계속 써내려간 셈이라고 할 수 있다.

거의 15세기라는 세월이 흐른 1888년 말과 1889년 초 사이에, 니체는 아우구스티누스와 동일한 위치에 서서 자 신이 쓴 책들을 돌아보며, 정반대의 정서로, 이야기를 시작한다. 그가 자신의 '재론'을 위해 고른《이 사람을 보라 *Ecce Homo*》라는 제목은 당연히 반어법적이라고 볼 수밖에 없다. 왜냐하면 벌거벗은 채 채찍질을 당하고 머리에 가시관을 쓴 그리스도를 빌라도가 유대인들에게 내보이면서 하는 이 말이 여기서는 한계도 모르고 여지도 남기지 않는 자화자찬으로 전복되기 때문이다. 니체는 자신이 어떤 의미에서는 그의 아버지처럼 이미 죽은 인간이나 다름없다고 선포한 뒤, "나는 왜 이토록 훌륭한 책들을 쓰는가?"라고 묻는다. 이어서 그는 자신이 출판한 모든 책을 하나씩 하나씩 언급하면서 이 책들이 왜, 어떻게 탄생했는지는 물론 어떻게 읽혀야 하고 그가 정말 하고 싶었던 말이 무엇이었는지에 대해 저자의 권위를 내세우며 설명한다.

니체는 물론 아우구스티누스의 경우에도 '재론'은 저자가 자신이 이미 완성한 책들을(마치 이것들이 여전히 집필 중인 어떤 작품의 단상으로 남을 수밖에 없다는 듯) 계속 집필할 수 있다는 것을 전제로 한다. 그런 이유에서 아직 완성되지 않은 이 진행형의 작품은 삶과 혼동되는 경향이 있다. 바로 이런 종류의 생각이 화가 피에르 보나르Pierre Bonnard의 전설적인 행각을 인도했던 것으로 보인다. 보나르는 그의 그림들이 전시되어 있는 박물관으로 붓을 들고 들어가 감시원이 자리를 비운 사이에 몰래 자신의 작품을 다시 손보고 그런 식으로 작품을 보다 완성된 단계로 끌어올렸다고 한다. 이제 신의 세계 창조라는 신학적 패러다임은 여기서 또 하나의 얼굴을 드러낸다. 즉, 신의 창조는 여섯 번째 날에 완결된 것이 아니라 끊임없이 진행되고 있다는 식의 생각이다. 결과적으로 신이 세상의 창조를 단 한 순간이라도 멈춘다면 세상은 곧장 파괴되고 말 것이다.

20세기 이탈리아 작가들 가운데 '재론'이라는 말의 모든 측면을 실행으로 옮긴 인물이 있다. 여기서 재론이라는 용어가 지니는 기술적이고 법적인 측면을 제외할 수 없는 이유는 바로 그가 어느 시점에선가 자신이 쓴 작품의 중요한 부분을 공개적으로 취소하고 포기했기 때문이다. 이 인물은 바로 피에르 파올로 파솔리니Pier Paolo Pasolini다. 하지만 파솔리니의 경우, 재론은 좀 더 복잡하고 점진적으로 모순적인 형태를 취한다. 1992년 에인아우디Einau di 출판사는 파솔리니가 남긴 두터운 분량의 유고를 《석유Petrolio》라는 제목으로 출판한다. 이 책은(이를 책이라 부를 수 있다면) 번호를 매긴 133개의 단상과 주석, 그리고 알베르토 모라비아Albert Moravia에게 보내는 편지로 구성되어 있다. 이 편지가 중요한 것은 파솔리니가 여기서 자신이 어떻게 이 '소설'을 구상했는지에 대해 설명하고 있고 뒤이어 "본격적인 소설처럼 쓰지 않았고" 일종의 논문처럼, 하나의 서평처럼, 편지 또는 원전의 '비평 연구판'처럼 썼다고 밝히고 있기 때문이다. 바로 이 마지막 호칭이 결정적이라고 할 수 있다. 편집자들이 서문 자리에 배치시킨 1973년의 한 단상은 정확하게 "《석유》 전체가 (2차 교정본부터) 출판된 적도 없고 네다섯 권에 달하는 일관성 없는 수사본의 단상들로만 구성된 원전의 '비평 연구판' 형식으로 드러나게 될 것이다"라고 기술하고 있다. 여기서 완성된 작품과 미완성 작품의 일치는 절대적인 것으로 드러난다. 왜냐하면 저자가 완성되지 않은 책을 원전으로 삼고 비평 연구판 형태의 책을 쓰고 있기 때문이다. 이 경우에는 완성되지 않은 글을 완성된 글과 구별하는 것이 힘들 뿐만 아니라 시간의 어떤 독특한 뒤틀림으로 인해 저자가 자신의 사망 후에 판본을 만들어야 할 문헌학자와 동일한 인물로 나타난다.

의미심장한 것은 모라비아에게 보내는 편지에서 저자이자 편집자인 파솔리니가 관건은 소설이 아니라 쓰이지 않은 소설을 환기喚起하는 일이라고 밝히고 있다는 점이다.

이 소설에서 모든 소설적인 요소는 소설의 환기喚起에 지나지 않습니다. 제가 여기서 잠재적일 뿐인 것에 형태를 부여한다면, 다시 말해 이 이야기를 하나의 대상으로, 독자의 상상력 속에서 스스로 작동할 수 있는 서사 기계를 만들기 위해 필요한 글을 발명해낸다면, 저는 여기서 사실상 저울에 오른 글쓰기의 관례라는 것을 어쩔 수 없이 받아들여야 할 겁니다. 하지만 저는 더 이상 아무것도 저울질하고 싶지 않습니다.

파솔리니로 하여금 이런 선택을 하게 만든 그만의 사연이 무엇이었든지 간에 우리가 마주하고 있는 것은 하나의 미완성 작품이다. 이 책은 한 번도 작품으로 고안된 적이 없는, 즉 저자가 완성을 전제 조건으로 집필하는 작품과는 거리가 먼 책의 '환기' 또는 '재론'의 형태로 드러난다. '환기'는 동일한 차원에서 곧 '철회'를 의미하고 부재하는 소설은 소설로서의 '철회'를 통해 '환기'된다(또는 불러일으킬 수 있다). 어쨌든 출판된 단상들은 이 쓰이지 않은 작품과의 관계 안에서만, 아이러니하게도 의미를 획득한다.

　　이와 유사한 경우들을 두고 우리는 책과 작품의 존재론적 위상을 바라보는 우리의 사고방식을 틀에 박힌 것으로 만든 범주의 터무니없는 부족함을 헤아려볼 수 있을 것이다. 적어도 아리스토텔레스의 철학을 시점으로 우리는 작품, 그리스인들의 에르곤ergon을 두 종류의 개념, 즉 잠재력과 행위, 가상적인 것과 현실적인 것(그리스어로는 '디나미스dynamis'와 '에네르게이아energeia') 사이에 연관성을 부여하면서 생각해왔다. 우리가 일반적으로 받아들이는 생각은 잠재적인 것과 가상적인 것(작품의 '이전')이 실질적이고 현실적인 것, 즉 에르곤을 선행한다는 것이다. 다시 말해 의지를 실행에 옮기면서 현실화된 '완성된 작품'을 가능태가 선행한다는 통념을 가지고 있는 것이다. 이는 곧 스케치나 초고에서는 잠재력이 실행의 단계로 옮겨지거나 그 안에서 고스란히 소모되지 않으며 "쓰고자 하는 욕망" 역시 실행되지 않은 채로, 완성되지 않은 상태로 남아 있다는 것을 의미한다.

그러나 파솔리니의 《석유》에서는 잠재적인, 또는 가상의 책이 실제의 단상들을 선행하지 않으며 오히려 이들과의 일치를 강요한다. 단상들은 반대로 잠재적인 책의 환기 또는 철회에 지나지 않는다. 어떻게 보면 모든 책은 여분의 잠재력을 지니고 있고 그것 없이는 사실 책의 독서나 이해가 불가능하지 않은가? 창조적 잠재력의 불이 완전히 꺼진 작품은 작품이라고 할 수 없으며 오히려 작품의 재나 무덤이라고 불러야 할 것이다. 우리가 책이라고 하는 이 궁금한 대상을 정말로 이해하기 원한다면, 우리는 잠재력과 행위, 가능성과 현실, 재료와 형식 간의 관계를 복잡하고 끈끈하게 만들고 현실에서만 나타나는 잠재력과, 반대로 잠재력이 되기를 결코 포기하지 않는 현실을 떠올릴 수 있어야 한다. 아마도 이러한 혼성의 피조물, 잠재력이 사라지지 않고 행위 속에서, 이를테면 춤을 추는 이 공간 아닌 공간만이 '작품'이라는 이름으로 불릴 자격이 있을 것이다. 저자가 자신이 쓴 작품으로 되돌아오는 것이 가능하다면, 작품의 이전과 이후가 그리 쉽게 망각될 수 없는 것이라면, 그 이유는 낭만주의 철학자들이 생각했던 것처럼 단상과 노트가 작품보다 더 중요하기 때문이 아니라, 그 안에서 '재료에 대한 경험'(고대인들에게는 이것이 바로 잠재력과 동의어였다)이 즉각적으로 감지되기 때문이다.

이러한 차원에서 본보기가 되는 두 작품, 즉 모든 면에서 지극히 정상적인 '책'으로 보이지만 책이라는 존재론적 근거의 부재에 가까운 이질성을 극단적인 단계까지 밀고 나간 작품의 예를 살펴보자. 첫 번째 책은 조르조 망가넬리Giorgio Manganelli*의 《새로운 해설Nuovo commento》로 에인아우디 출판사가 1969년에, 이어서 아델피Adelphi 출판사가 1993년에 재출간한 작품이다. 아델피는 틀림없이 많은 장점을 가진 출판사지만 망가넬리 경우만큼은 거침없고 신중하지 못한 모습을 보여주었다. 모든 독자가 저자가 쓴 책들의 중요한 일부로 알고 있는 내지의 내용을 책

---

* (옮긴이) 조르조 망가넬리(1922~1990)는 이탈리아의 네오아방가르드 소설가로, 번역가와 문학비평가로도 활동했다. 독특하면서도 간결한 문장 스타일과 함축적이면서도 다양한 양식의 글로 이탈리아 문학사에서 독보적인 위치를 차지하는 소설가다. 작품으로 《허위로서의 문학La letteratura come menzogna》, 《미래의 신들에게Agli dèi ulteriori》, 《첸투리아 : 백 개의 시냇물 소설Centuria: cento piccoli romanzi fiume》 등이 있다

에서 삭제한 뒤 별도로 묶어서 출판했기 때문이다. 하지만 이어서 생각을 바꾼 아델피는《새로운 해설》을 다시 출간하면서 별도로 만든 부록에 내지의 내용뿐만 아니라 내지가 설명하고 있는 초판의 표지 디자인까지 실어서 출판했다. 사실상 표지 디자인은, 저자의 표현에 따르면, 알파벳 철자와 표의문자와 부호들의 움직임 없는 폭발을 상징할 뿐이고 책은 바로 이것들의 기초 또는 해설자의 역할을 담당한다.《새로운 해설》은 사실 존재하지 않는 책을 설명하는 일련의 각주들로, 또는 글이 없는 각주에 달린 각주들로 구성되어 있다. 가끔씩 하나의 문장부호에 대한 굉장히 긴 해설로 등장하기도 하는 이 각주들은 한 페이지 전체를 차지하면서 왠지 모르게 체계를 갖춘 하나의 본격적인 이야기로 변모한다는 느낌을 준다. 망가넬리가 가정으로 내세우는 것은 사실 해설해야 할 본문의 부재뿐만 아니라, 동시에 그리고 동등한 차원에서, 해설이 지니는 이를테면 신학적인 차원의 자율성이다. 그리고 바로 그런 이유에서 우리는 본문이 부재한다고 간단히 결론짓지 못한다. 오히려 본문은 어떤 의미에서는, 신과 마찬가지로, 도처에 존재하면서 동시에 어느 곳에도 존재하지 않고, 스스로에 대한 설명을 포함하거나 또는 해설 속에 스스로를 포함시키면서 결국은 감지할 수 없는 대상이 되어버린다. 우리는 이러한 성격의 본문을, 해설하려는 원문의 행들을 지우거나 잠식해버리는 성서의 본문 대조 주석과도 비교할 수 있을 것이다.

우리는 이 책에 대한 가장 훌륭한 설명을, 칼비노Italo Calvino가 독자의 입장에서 받은 인상에 대해 이야기하며 저자에게 보낸 편지에서 발견할 수 있다.

저는 이미 모든 걸 이해했습니다. 존재하지 않는 글에 대한 해설이란 얘기죠. 단지 그걸 처음부터 쉽게 알아차릴 수 있다는 것이 안타까웠습니다. 어떻게 아무런 이야기도 하지 않고 그 수많은 페이지들을 채워나가실 건지 궁금했죠 (…) 하지만 이미 포기한 상태라 전혀 예측할 수 없었던 곳에서 정말 흥미롭고 이야기다운 이야기가 하나의 선물처럼 등장합니다. 그리고 이야기들이 축적되는 과정을 통해 어느 시점에선가 하나의 문턱을 넘어서게 되고 이어서 갑작스런 깨달음에 도달하게 되죠. 그럼요, '글'은 신입니다. 우주죠. 그걸 왜 미처 깨닫지 못했을까요. 그러니까 이 책은 처음부터 '글'은 우주라는, 즉 의미들의 총합 외에는 아무것도 의미하지 않는 신의 언어와 담론이라는 생각을 열쇠로 읽을 수 있습니다. 그러면 모든 것이 완벽해지죠.[*]

이 신학적인 해석에서 《새로운 해설》이라는 책은 우주와 일치하고(책과 세상이 일치한다는 생각은 중세의 뜨거운 화두였다), 아울러 신과 일치한다. 하지만 이 신은 오히려 카발라 전통이 말하는 신, 즉 토라를 처음에는 이름과 의미 있는 문장의 형태가 아니라 일관적이지 못하고 무질서한 철자들의 더미로 창조한 신과 닮았다고 할 수 있다. 아담이 죄를 지은 후에야 신은 독서가 불가능한 원래의 토라(아칠룻Atzilut의 토라)를 이용해 말을 만들고 책 중의 책(브리아Beriah의 토라)을 이 말들로 채워 넣었다. 하지만 바로 그런 이유에서 메시야의 도래는 토라의 복원과 일치하며, 토라의 복원과 함께 말들이 폭발하는 순간 철자들은 원래의 순수하게 물질적인 세계로, 의미 없는(또는 모든 것을 뜻

---

[*] 1969년 3월 7일, 이탈로 칼비노가 조르조 망가넬리에게 보낸 편지. 조르조 망가넬리, 《새로운 해설》(Milano : Adelphi, 1993), 149~150쪽.

하는) 무질서의 세계로 반납될 것이다.

여기서 우리는 묘하게도 칼비노가 주목하지 못했던 책의 표지 디자인이 결정적으로 중요한 요인이라는 점을 확인할 수 있다. 책이 세상, 그리고 신과 일치하는 순간 책은 폭발하거나 붕괴하면서 문장부호와 철자들의 유포로 변신한다. 폭발이라 해도 어쨌든 책의 폭발이기 때문에 사각형, 즉 페이지의 형태를 띠지만, 이는 전적으로 독서가 불가능한 페이지, 세상과 일치하기 때문에 더 이상 세상에 대한 아무런 언급도 가정하지 않는 페이지다.

우리는《새로운 해설》과, 모든 면에서 확실히 이 책의 원형이라고 볼 수 있는 또 하나의 작품, 말라르메Stéphane Mallarmé의《책livre》사이에서 유사성을 발견할 수 있다. 1957년, 말라르메가 사망한 지 거의 60년이라는 세월이 흐른 뒤에 자크 셰레Jacques Scherer*가 갈리마르 출판사를 통해《말라르메의 "책"Le "Livre" de Mallarmé》을 출판하게 된다.

---

* (옮긴이) 자크 셰레(1912~1997)는 대학교수로 소르본과 옥스퍼드에서 프랑스 문학을 가르쳤다.

문제의 "책"이 말라르메의 작품이라는 점을 또렷이 제시하는 제목 위에 적혀 있는 저자의 이름은, 그런데 자크 셰레다. 물론 저자는 정말 저자로 나서야 할지 말아야 할지 현실적으로 결정할 수 없는 입장에 놓여 있다. 왜냐하면 이 수사본은 말라르메가 직접 기록했을 뿐 세상의 빛을 본 적도 없고 독서 역시 불가능한 202쪽의 메모지를 토대로 만들어졌을 뿐만 아니라, 앞부분과 뒷부분에 감수자 셰레가 쓴 동일한 분량의 글(구체적으로 명명되지 않은 일종의 형이상학적 서문)과 그가 말라르메의 메모지에 담긴 단어와 문장 들의 재배치를 통해 일종의 드라마를 구성해 만든 《책》의 각본화된 판본이 같이 실려 있기 때문이다.

잘 알려진 바와 같이, "세상은 오로지 책으로 피어나기 위해 존재할 뿐"이라고 믿었던 말라르메는, 문학적 전개의 모든 단계에서 우연적인 요소가 하나둘씩 제거되는 것을 목표로 하는 하나의 절대적인 책을 평생 동안 계획했다. 이를 위해 말라르메가 제거해야 했던 요소는 무엇보다도 '저자'였다. "순수한 작품이란 시인의 설득력 있는 사라짐을 요구하기" 때문이다. 이어서 말들 하나하나가 소리와 의미의 우연한 조합을 통해 탄생하는 만큼, 글에서 말들의 우연성을 제거할 필요가 있었다.

말라르메가 동원했던 방법은 무엇인가? 우연적인 요소들을 더 크고 필연적인 틀 속으로 끌어들이는 방법이었다. 이 틀 중 하나가 무엇보다도 "많은 단어들을 재료로, 언어와는 이질적이면서도 새롭고 총체적인 한마디의 말을 구축하는" 시구절이다. 이어서 하나의 점진적인 크레센도를 통해 구축되는(말라르메가 상당히 주의 깊게 관찰하던 광고 포스터라는 불순한 예를 토대로 구축되는) 페이지가 있다. 즉, 백색의 종이와 그 위에 흩어진 말들을 동시에 포함하는 차원에서 하나의 새로운 시적 단위로 구축되는 것이 '페이지'다. 마지막으로 '책'이라는 틀이 존재한다. 이 책은 더 이상 물리적인 독서 대상이 아니라 하나의 드라마, 연극적으로 표현되는 신비, 또는 세계와 일치하는 하나의 가상 작업으로 간주된다. 말라르메는 스물네 명의 독자-관객들이 매번 다른 방식으로 배치되는 스물네 장의 메모지를 보고 읽어 내려가는 일종의 퍼포먼스나 발레 정도를 생각했던 것으로 보인다. 셰레가 출판한 책을 기준으로 평가할 때, 결과는 이제 책으로서의 세상이 폭발하면서 독서가 불가능한 문장들, 일련의 기호와 단어, 숫자, 셈, 점과 문자소로 가득한 메모지로 붕괴하는 장면이다.《책》의 중간에 삽입된 수사본은 사실 절반은 여러 가지 셈과 방정식으로 만들어진 거추장스러운 추론들을 수북이 쌓아놓은 것에 지나지 않으며, 나머지 절반은 지나치게 세부적이어서 실행에 옮긴다는 것이 불가능한 일련의 '사용법'으로 이루어져 있다.

세상과의 일치를 요구하던 '책'의 '주사위 던지기'가 우연성을 제거하려면 오로지 '책-세상'을 그만큼 우연적일 수밖에 없는 하나의 혁신으로 폭발시킬 수 있어야 한다. 그리스도교 전통이 말하는 세상의 종말 속에서 '마지막 날'이 영원한 파괴와 상실의 총체적인 반복이듯 불 속에서의 소모ekpyrosis는 모든 것의 정확한 반복anakephalaiosis과 일치한다.

이 시점에서 분명한 것은 책이 우리가 흔히 생각하는 것보다는 훨씬 덜 견고하고 그만큼 덜 안정적이라는(적어도 그런 식으로 존재하기를 요구한다는) 사실이다. 망가넬리에 따르면 "책의 실체는 어디에도 없으며 도처에 존재할 정도로 지나치게 도피적이고 도전적이다." 그리고 말라르메는 책이 절대적으로 가상적일 때 완전하게 실현된다고 보았다. 책이나 세상, 그 어느 곳에도 위치하지 못하는 것이 바로 '책'이다. 그리고 바로 그런 이유에서 책은 세상과 스스로를 파괴해야 한다.

이제 이 간략한 형이상학적 여정을 마감하고 책의 재료로서의 측면, 즉 책의 '물리학'에 대해서도 질문을 던져보자. 이것 역시 보기와 달리 상당히 까다로운 문제다. 우리가 알고 있는 형태의 책이 유럽에 등장한 시기는 서기 4세기에서 5세기경이다. 이 시기에 바로 코덱스codex(책을 가리키는 라틴어 전문용어)가 고대에 책의 일반적인 형태였던 볼루멘volumen과 두루마리를 대체하게 된다. 잠깐만 돌이켜봐도 우리는 이것이 일종의 혁명적인 사건이었음을 쉽게 알아차릴 수 있다. 볼루멘은 파피루스를(양피지를) 사용해 만든 두루마리 책으로, 독자가 왼손으로는 움빌리쿠스umbilicus, 즉 볼륨이 감겨 있는 나무나 아이보리 실린더를 쥐고 오른손으로 두루마리를 펼치면서 읽던 책이다. 볼루멘이 여전히 사용되던 상태에서 중세에 등장한 것이 로툴루스rotulus다. 로툴루스는 두루마리를 위에서 아래로 펼치면서 읽었고 보통 극장에서나 기념행사에 주로 사용되었다.

코덱스의 원형은 밀랍을 칠한 판자에 고대인들이 생각이나 숫자를 기록하고 개인적인 용도로 사용하던 서자판書字板이다. 그렇다면 볼루멘에서 코덱스로 전이되는 과정에서 일어난 일은 무엇인가? 코덱스와 함께 등장한 것은 무언가 절대적으로 새로운 것이었다. 우리는 너무 익숙하기 때문에 쉽게 잊고 살아가지만 그것의 등장은 서구의 물질문화와 정신문화뿐만 아니라 서구 세계의 상상력에 결정적인 변화를 가져왔다. 그것이 바로 페이지다. 볼륨을 펼치는 행위는 하나의 일관적이고 지속적이며 잘 정돈된 일련의 글 기둥들이 들어서 있는 공간을 열어 보였다. 이 지속적인 공간에 코덱스(오늘날 우리가 책이라고 부르는 것)는 페이지라고 하는 일련의 불연속적이면서 분명하게 구분된 단위들을 대입시켰다. 어둡고 불그스름한 글 기둥들을 하얀 여백으로 에워싸는 페이지가 등장한 것이었다. 완벽한 지속성을 유지하는 볼루멘은 하늘이 허공에 적혀 있는 별들을 끌어안듯 글 전체를 부둥켜안는다. 반대로 페이지라는 하나의 불연속적이고 규격화된 단위는 글의 한쪽을 나머지 한쪽으로부터 끊임없이 분리시킨다. 우리가 완전히 독립된 것으로 감지하는 이 페이지는 다음 페이지의 독서를 위해 눈앞에서 물리적으로 완전히 사라져야 한다.

　책이 점차 볼루멘을 대체하게 만든 요인들 중 일부는 틀림없이 실용적인 것이었다. 예를 들어 다루기가 수월하고 일정 위치의 글을 훨씬 더 빠르게 찾아 읽을 수 있다거나 페이지 수를 늘리면서 훨씬 더 풍부한 내용을 실을 수 있다는 등의 장점을 가지고 있었다. 만약에 페이지라는 것이 등장하지 않았다면 아마도 말라르메는 그의《책》을 상상조차 하지 못했을 것이다. 하지만 책의 등극에는 좀 더 본질적인 요인, 즉 종교적 차원의 요인들이 기여한 바가 크다. 역사학자들은 코덱스의 보급이 무엇보다도 그리스도교 내부에서 일어난 현상이며 그리스도교의 보급과 운명을 같이하며 이루어졌다는 점에 주목했다. 코덱스의 등극이 완전히 구체화되기 이전 시대로 거슬러 올라가는, 아주 오래된 신약 성서 수사본들 중에는 두루마리가 아닌 코덱스의 형태를 가진 것들이 존재한다. 그런 차원에서 학자들은 책이 그리스도교적 세계관을 따르는 직선적인 시간 개념과 일맥상통하는 면이 있고 반대로 두루마리는 고대인들의 순환적인 시간 개념과 더 잘 어울린다고 관찰했다. 두루마리를 읽는 독서의 시간은 어떻게 보면 인간이 경험하는 삶과 우주의 시간을 재현하는 것과 마찬가지였을 것이다. 반면에 책장을 넘긴다는 것은 두루마리를 펼치는 것과는 절대적으로 다른 차원의 경험이었다.

그리스도교 내부에서 볼루멘의 점차적인 퇴보와 소멸은 여전히 종교적 차원의 또 다른 요인, 즉 서방 교회와 유대 회당 간의 결별과 분쟁이라는 요인을 가지고 있었다. 유대 회당에는 예루살렘을 바라보고 있는 벽에 토라를 담은 법궤Aron Ha-Qodesh가 보관되어 있다. 토라는 항상 두루마리 형태를 가지고 있다. 다시 말해 성서는 유대인들에게는 항상 두루마리였고 그리스도인들에게는 항상 책의 형태를 띠고 있었다. 물론 유대인들 역시 책으로 출판된 토라를 읽는다. 하지만 시대를 초월하는 토라의 원형은 코덱스가 아닌 볼루멘이다. 반면에 신약 성서의 원형은 로마 미사 경본Messale Romano, 또는 그리스도교의 또 다른 경전과 마찬가지로 모양새만큼은 우리가 알고 있는 보통의 책과 구별하기 힘들다.

책의 승리를 가져온 요인이 무엇이었든지 간에, '페이

지'는 그리스도교화된 서방 세계에서 책을 진정한 의미에서 '세계의 이미지imago mundi', 또는 '삶의 이미지imago vitae'의 대열로 끌어올렸다는 상징적인 의미를 지니게 된다. 삶과 세계의 책이 열리면서 펼쳐 보이는 것은 항상 글이 적혀 있거나 그림이 들어간 페이지였고, 여백은 그에 비해 순수한 가능성의 고통스러우면서도 풍부한 상징으로 변모했다. 아리스토텔레스는 영혼을 다루는 책에서 사유의 힘을 두고 아직 아무것도 쓰이지 않았지만 반대로 모든 것이 쓰일 수 있는 밀랍 서자판에 비유한 적이 있다. 현대 문화에서도 여백은 글쓰기의 순수한 가능성을 상징한다. 이 가능성 앞에서 시인과 소설가는 이를 현실로 번역할 수 있는 힘의 원천, 영감을 절망적으로 기원한다.

그렇다면 책과 페이지가 본연의 자리를 정보 기기에게 양보하는 듯이 보이는 오늘날 벌어지고 있는 일은 무엇인가? 차이와 닮은 점, 유사성과 편차들은, 적어도 표면상으로는 중첩되는 듯이 보인다. 컴퓨터는 책과 다를 바 없는 페이지의 시야를 제공하고 책장을 '넘길' 수 있도록 허락하지만 페이지를 책처럼 좌우로 넘기는 대신 두루마리처럼 위에서 아래로 넘기는 것이 일반적이다. 우리가 위에서 살펴본 신학적 차원에서 보았을 때, 컴퓨터는 로마 미사 경본과 두루마리 토라의 중간 정도에 해당하는 일종의 유대-그리스도교적 혼합물로 드러난다. 아마도 이것이 컴퓨터의 부인할 수 없는 성공에 크게 기여했다고 봐야 할 것이다.

하지만 여기에는 더 뿌리 깊은 차이점과 유사점이 존재한다. 그리고 이에 대해 분명히 짚고 넘어가야 할 필요가 있다. 흔히 반복되는 부주의한 이야기들 중에 하나는 책에서 정보 기기로의 전이 과정이 물질세계에서 가상세계로의 전이와 일맥상통한다는 이야기다. 하지만 우리는, 여기서 '물질'적인 것과 '가상'적인 것이 서로 반대되는 차원이라고 보고 가상적인 것과 비물질적인 것을 동의어로 보는 암묵적인 가정을 읽을 수 있다. 하지만 이 두 가지 가정 모두, 완전히 틀리지 않았다면, 적어도 상당히 부정확한 내용을 담고 있다.

'Libro, 책'이라는 단어는 '나무, 나무껍질'을 뜻하는 라틴어 단어에서 유래했다. 그리스어로 '질료'를 가리키는 용어 'hyle(힐레)'는 다름 아닌 '나무, 숲'을 의미하고 이 용어의 라틴어 번역어인 'silva(실바)' 또는 'materia(마테리아)'는 건축 재료로 쓰이게 될 나무를 가리킨다. 장작으로 쓰이는 나무는 'lignum(리늄)'이라는 별도의 용어를 가지고 있었다. 어쨌든 고대인들에게 '질료'라는 용어는 가능성과 가상의 세계를 동시에 의미하는 말이었다. 아니, '질료'는 오히려 순수한 가능성, 모든 형태를 받아들이고 수용할 수 있는 '형태 없는' 가능성이다. 어떻게 보면 형태는 이러한 가능성의 흔적이라고 할 수 있다. 더 나아가 질료는, 아리스토텔레스의 의견대로, 일종의 여백, 또는 모든 것이 쓰일 수 있는 서자판이라고도 할 수 있다.

컴퓨터 속에 있는 여백, 이 순수한 질료에는 어떤 일이 일어나는가? 어떻게 보면 컴퓨터는 우리가 '화면, schermo'이라고 부르는 물건 안에 고정되어 있는 여백에 지나지 않는다고 할 수 있다. 따라서 이 'schermo'라는 용어에 대해 살펴볼 필요가 있다. '보호하다, 막다, 수호하다'라는 뜻의 고대 독일어 동사 'skirmjan'에서 유래하는 이 단어는 이탈리아 문학사에서 상당히 중요한 위치를 차지하는 한 장면에 등장한다. 《새로운 인생*Vita Nuova*》 5장에서 단테는 베아트리체에 대한 사랑을 감추기 위해 또 다른 귀족 여인을 "진실의 보호막schermo de la veritade"으로 삼기로 결심했다고 이야기한다. 이 비유가 확실히 시각적이라고 볼 수 있는 것은 문제의 여인이 "고귀한 베아트리체에게서 출발해 나의 눈까지 도달하는 직선상에" 우연히 끼어들었기 때문이다. 그런 식으로 주변 사람들로 하여금 그의 시선이 베아트리체가 아닌 또 다른 여인을 향해 있다고 믿게 만들었던 것이다. 단테는 이 'schermo'라는 용어를 자주 보호막, 또는 장애물의 뜻으로 사용한다. 예를 들어 단테는 플라망인들을 두고, 이들이 자신들의 땅을 보호하기 위해 "바다가 멀어지도록 보호막을 만든다fanno lo schermo perché 'l mar si fuggia"라는 표현을(《신곡》, 〈지옥편〉, 15곡), 또 영혼에 대해 이야기하면서 하나의 천사 같은 나비가 "장애물 없이 정의를 향해 날아가는vola a la giustizia senza schermi" 것과 같다는 표현을 사용한다(《신곡》, 〈연옥편〉, 10곡).

그렇다면 어떻게 해서 '장애물, 보호막'을 의미하는 단어가 "이미지들이 등장하는 표면"이라는 뜻을 가지게 되었는가? 우리는 대체 무엇을 화면이라고 부르는가? 전자기기의 어떤 면이 우리의 시선을 그토록 집요하게 사로잡는가? 실제로 벌어진 일은 이 기기들 속에서 글쓰기의 질료가 되는 페이지가 페이지 속의 글로부터 분리되었다는 것이다. 아마도 모두가 읽었을 《텍스트의 포도밭*In the Vineyard of the Text*》이라는 책을 통해 이반 일리치Ivan Illich는 12세기 수도사들이 어떤 방식으로 일련의 미세한 기술적 문제들을 해결하면서 텍스트를 페이지라는 질료적인 현실로부터 독립된 것으로 상상하기 시작했는지 보여준 바 있다. 하지만 원래 포도 넝쿨을 가리키던 용어에서 유래한 단어 '페이지'는 당시의 수도사들에게는 여전히 하나의 분명한 물리적 현실이었고 그 안에서 시선으로 '산책'하고 움직이며 글의 철자들을, 손으로 포도를 따듯, 수확하는 것이 가능했다(읽는다는 동사 'legere' 역시 원래는 '수확하다'라는 뜻을 가지고 있었다).

그러나 전자 기기들 안에서 텍스트, '페이지로서의 글'은 사람의 눈으로는 읽을 수 없는 숫자들로 코드화되고 페이지라는 질료로부터 완전히 자유로워졌으며 화면 위로 하나의 유령처럼 지나다닐 뿐이다. 책을 정의하던 페이지와 글의 관계가 붕괴되면서 생겨난 것이 바로 디지털 정보 공간은 비물질적이라는, 아무리 봐도 정확하지 못한 생각이다. 벌어진 일은 오히려 화면, 즉 물리적인 '장애물'이 볼 수 없는 것으로, 아울러 볼 것을 제공하는 것 안에 본 적이 없는 상태로 남게 되었다는 것이다. 다시 말해 컴퓨터는 독자들이 화면을 그 자체로는, 즉 질료 차원에서는 결코 볼 수 없는 방식으로 만들어졌다. 전원을 켜자마자 화면은 곧장 철자와 아이콘 또는 이미지들이 가득한 상태로 모습을 드러낸다. 컴퓨터, 아이패드, 또는 킨들을 사용하는 사람은 자신의 시선을 몇 시간씩 그 자체로는 절대로 볼 수 없는 화면에 고정시킨다. 사용자가 화면을 화면으로 감지하는 경우가 발생한다면, 즉 화면이 여백으로 남거나 최악의 경우에 시커멓게 변한다면, 그것은 기기가 더 이상 작동하지 않는다는 것을 의미한다. 고대인들이 이해하는 데 특별한 어려움을 겪었던 플라톤의 질료에 관한 이론에서처럼, 여기서 질료, 질료로서의 공간chora은 감지되지 않은 상태에서 모든 감각적인 형태에 자리를 부여한다.

전자 기기들은 비물질적인 것이 아니라 기기들이 지니는 질료라는 특징의 삭제를 기초로 할 뿐이다. 화면은 스스로에게만 '화면이 되고' 질료로서의 페이지를 페이지로서의 글 속에 감춘다. 물론 후자야말로 비물질적인 것이 되었거나, 또는 유령이(몸을 상실하고 형상만 유지하는 것을 유령이라고 한다면) 되었을 것이다. 이런 기기들을 사용하는 독자나 작가들은 자신도 모르는 사이에 백색 페이지의 경험(고통스럽지만 동시에 풍부한 경험)을 포기하고, 아리스토텔레스가 사유의 순수한 힘에 비유하던 아직 아무것도 쓰이지 않은 서자판의 경험을 포기한 사람들이다.

이 시점에서, 위의 이야기와 특별한 관련이 있는 만큼, '사유'에 대한 간략한 정의를 시도해보자. 생각한다는 것은 글을 쓰거나 읽는 동안 백색 페이지를 떠올린다는 것을 의미한다. 생각한다는 것은, 글을 읽는 것과 마찬가지로, 질료를 기억한다는 것을 의미한다. 망가넬리와 말라르메의 책들이 '책'을 백색 페이지라는 순수한 질료의 상태로 가져가려는 시도였듯이, 컴퓨터 사용자는 이 화면, 이 물리적인 '장애물', 이 형태 없는 것이(모든 형태는 그것의 흔적에 지나지 않는다) 그에게 끝내는 볼 수 없는 것으로 남기 때문에 발생하는 비물질적인 성격에 대한 관념의 허구를 중성화할 줄 알아야 한다.

Opus alchymcium

창작 활동으로서의 연금술

진정한 의미에서 시적인 삶의 형태란 스스
로의 작품 속에서 무언가를 하거나 하지 않
을 수 있는 스스로의 잠재력을 관조하고 그
안에서 평화를 찾는 삶일 것이다. 살아 있는
인간은 결코 자신의 작품을 통해 정의될 수
없으며 오로지 작품의 무위적인 상태에 의
해서만, 즉 어떤 작품을 통해 하나의 순수한
잠재력과 관계를 유지하면서 스스로를 삶의
형태로(삶이나 작품이 아닌 행복이 중요한 것으
로 부각되는 삶의 형태로) 구축하는 방식에 의
해 정의될 수 있다. 삶의 형태란 한 작품을
위한 작업과 자기 연단을 위한 작업이 완벽
하게 일치하는 지점에서 주어진다.

《자기 연단*Il lavoro su di sé*》은 클라우디오 루가피오리 Claudio Rugafiori가 르네 도말René Daumal*의 서간문 모음집을 펴내면서 책에 부친 제목이다. 제목이 의미하는 바는 분명하고 또 다른 해석의 여지를 남기지 않는다. 이 제목은 저자의 의도가 문학 작품의 집필이라기보다는 스스로를 대상으로 변모하기 위한, 또는 자신의 재창조를 위한 (도말은 "꿈 밖으로 나오기, 깨어나기"라는 표현을 쓰기도 한다) 움직임에 있음을 말해준다. 글을 쓴다는 것은 고행을 실천하는 행위의 일부다. 이 고행에서 작품의 창조는 글을 쓰는 주체의 변모에 비해 부차적인 차원으로 밀려난다. 도말은 그의 선

---

* (옮긴이) 르네 도말(1908~1944)은 프랑스의 시인, 작가, 철학자. 초현실주의의 영향을 받았으며 일찍이 젊은 시인들의 동호회를 형성하고 문예지를 운영하며 열성적으로 작가 활동을 시작했다. 후에 네르발과 랭보의 독서에 몰두하며 구르지예프와의 교류를 통해 독자적인 신비주의적 사상에 도달하게 된다. 말년에 결핵과 빈궁에 시달리며 쓴 미완성 소설《유추의 산 *Le Mont Analogue*》(1952)을 통해 진지하고 소박한 견자見者의 모습을 보여주었다.

생 잔느 드 살즈만Jeanne de Salzmann에게 속사정을 털어놓는
다. "이것이 작가로서의 제 작업을 훨씬 더 힘들게 하리라
는 것은 당연한 일입니다. 하지만 동시에 훨씬 더 흥미롭
고 정신적으로 풍부하게 만들어줄 겁니다. (⋯) 그래서 제
일은 점점 '저를 위한' 작업이라기보다는 제 자신에 대한
작업으로 변하고 있습니다."*

　등단하자마자 로제 질베르 르콩트Roger Gilbert-Lecomte
와 함께 문예지《르 그랑 주Le Grand Jeu》운영에 열성적으로
뛰어들었던 그의 글쓰기를 항상 동반했던 것은(아니 인도
했던 것은) 사실상 문학과는 아무런 관계도 없는 경험들이
었다(가장 극단적인 사례 중 하나는 의식과 무의식, 삶과 죽음의
경계 지점을 확인하기 위해 정신을 잃을 때까지 사염화탄소 가스
를 들이마시는 일이었다). 뒤이어 구르지예프Georgei Ivanovich
Gurdjieff**의 가르침을 접하고《베다Veda》와《우파니샤드Upa-

---

* 르네 도말,《자기 연단: 주느비에브와 루이 리에프에게 보내는 편지Il lavoro su
di sé: lettere a Geneviève e Louis Lief》, C. Rugafiori 감수(Milano : Adelphi, 1998),
118쪽.
** (옮긴이) 게오르기 구르지예프(1877?~1949)는 코카서스 지방에서 태어난
철학자이자 신비주의자. 티베트에서 이집트와 에티오피아에 이르는 방대한 지
역을 여행하면서 밀교, 불교, 수피즘, 이슬람 신비주의, 힌두교와 그리스도교 사
상 및 철학을 두루 섭렵했고 이 모든 요소들이 혼합된 일종의 명상 체계를 구축

nisad》를 읽고 난 뒤에 도말은 이러한 어리석은 실험을 그만두고 (특히 마약을 그만두었는데 질베르 르콩트는 반대로 마약에서 끝내 헤어나지 못했다) 자신의 '자기 연단'을 점점 더 영적인 방향으로 진전시켰다. 그가 시도했던 것은 인간을 얽어매는 소수의 지적·감정적 '습관'들을 벗어던지고 자아의 변신에 도달하는 일이었다. 세상을 떠나기 2년 전에 남긴 글에서 그는 이렇게 말한다. "이제는 사물들 속에 갇혀 있는 '불꽃'(힘)에 관해 카발라 학자들과 하시딤이 전하는 이야기들이 좀 더 명확해졌습니다. 인간에게 '구원하는' 역할이 주어졌다는 것을, 다시 말해 자기 자신을 위해서가 아니라, 즉 불꽃을 훨씬 더 큰 감옥에 완전히 가둬버리기 위해서가 아니라, 결국 '힘 중의 힘'에 되돌려주기 위해서라는 것을 깨달았습니다. 스스로에 대해 기억한다는 것은 어떻게 보면 그런 식으로 열등한 힘과 우월한 힘 사이에 머물면서, 오늘은 그 사이에서 찢겨지더라도, 언젠가는 이들을 뒤바꾸고 변신시킬 수 있다고 느끼는 것을 의

했다. 세상에 악이 존재하는 것은 인류가 정신적으로 잠들어 있기 때문이라고 본 그는 존재에 관한 심리적 무의식 상태를 극복하기 위해 명상을 통한 존재의 의미를 끝없이 탐색해야 한다고 가르쳤다.

창작 활동으로서의 연금술

미하지 않을까요?"*

자기 연단에 완전히 몰두하고 있을 때조차도 도말은 글쓰기를 결코 멈추지 않았다. 1940년대 초에 일종의 소설을 쓰기 시작한 그는 그 소설을 통해 정신 수양의 결정적인 열쇠를 찾은 듯이 보였다. 소설 제목은《유추의 산*Le Mont Analogue*》이었다. 그는 이 소설을 언급하면서 한 친구에게 이렇게 알린다. "비교적 긴 이야기를 하나 쓰고 있네. 어떤 무리의 인간들이 등장하고, 이어서 자신들이 감옥에 와 있다는 걸 깨닫게 되지. 이들이 깨닫는 건 무엇보다도 이 감옥을 포기해야 한다는 사실이야. 그래서 감옥으로부터 자유롭고 더 훌륭하고 인간적인 세계를 찾아 떠나게 되지(왜냐하면 남겠다고 고집을 피운다는 것 자체가 힘든 일이니까). 새로운 세계에서 필요한 도움을 얻을 수 있다고 믿었고 결국에는 찾아내는 데 성공하네. 사실은, 내가 몇몇 친구들과 함께 그 세계로 통하는 문을 실제로 찾아냈다네. 이 문을 통해서만 정말 삶다운 삶이 시작될 수 있네. 이 이야기는 모험 소설의 형태를 띠게 될 걸세. 제목은《유추의

---

* 르네 도말,《자기 연단》, 121쪽.

산》이라네. 이 산은 하늘과 땅을 연결해주는 상징적인 산이지만 현실 세계에, 인간적으로 존재해야 하는 하나의 길일세. 그렇지 않다면 우리가 처한 상황은 희망이 없다고 봐야 하네. 아마도 문예지《므쥐르*Mesures*》의 다음 호에 일부가 실리게 될 걸세."*

여기서 '하늘과 땅을 연결하는 문'이라는 문학적인 표현과 어떤 문예지에 일부가 실리게 될 것을 예고하고 있는 '모험 소설'이라는 현실은 너무나 커다란 격차를 드러낸다. 정신적인 자유를 획득하기 위한 자기 연단의 주체가 작품을 위해 글을 써야 할 필요를 느끼는 것은 어떤 이유에서인가? 유추의 산이 실제로 존재한다면 왜 산에 문학작품의 형태를 부여해야 하는가? 게다가 처음에는 등산을 다루는 심리적인 성격의 글이었고 저자가 20세기 문학의 걸작 가운데 하나로 만들겠다는 식의 의도는 전혀 품지 않았던 작품 아닌가? 도말이 자신의 소설을 그가 "위대한 경전"이라고 부르던 (예를 들면 복음서나《우파니샤드》) 책들

---

* 르네 도말,《자신에 대한 앎*La conoscenza di sé*》, C. Rugafiori 감수(Milano ： Adelphi, 1972), 177쪽.

과 동일한 차원에 위치시키려고 의도했던 것도 아닌 만큼, 오히려 그의 유추, '유사한' 산은, 모든 문학 작품에서 벌어지는 것과 마찬가지로, 그가 말하는 글쓰기 속에서 오로지 유사한 방식으로만 존재하는 것은 아닐까? 어떤 연유에서 인지는 모르지만 '자기 연단'은 오로지 책 속의 글이라는, 적어도 표면적으로는 부적절해 보이는 형태로만 가능한 것은 아닐까?

하나의 예술 작품을 만들어가는 과정에서 작가의 변신이(결국에는 그의 인생이) 큰 변수가 될 수 있다는 생각을 고대인들은 아마도 이해하기 힘들었을 것이다. 물론 고대 그리스인들은 엘레우시스라는 곳을 익히 알고 있었고 신비주의 입문자들은 이곳에서 일종의 무언극 관람을 통해 변신과 행복을 경험할 수 있었다. 비극을 관람하면서 관객들이 경험하던 열정의 순화와 정화 역시, 아리스토텔레스에 따르면, 엘레우시스의 경험이 남긴 여운과 흔적을 미약하게나마 내포하고 있었던 것으로 보인다. 그러나 에우리피데스Euripides가 입에 올릴 수 없는 것으로 남아 있어야 했던 신비를 비극을 통해 폭로하면서 비난을 받았다는 사실은 고대인들이 인간의 종교적인 변신과 문학 작품이(비록 비극 공연이 원래는 제례의 일부였지만) 너무 깊이 연관되는 것을 외설로 간주했음을 보여준다.

하지만 도말에게 작품에 전념하는 일은 자아의 선도善導와 일치할 때만 의미를 지닌다. 이는 삶 자체를 화제로, 동시에 작품의 시금석으로 만든다는 것을 의미한다. 그가 자신의 숭고한 확신을 죽음에서 삶에 도달하는 일종의 여정이라고 생각할 수 있었던 것도 바로 그런 이유에서였다.

나는 죽어 있다, 욕망이라는 것이 내겐 없으니까, 나는 욕망하지 않는다, 소유한다고 믿기 때문이다. 내가 소유한다고 믿는 것은 내가 주고자 하지 않기 때문이다. 주고자 하는 사람은 자신에게 아무것도 없음을 목격하고, 아무것도 없음을 목격하면서 자기 자신을 주기 위해 노력하고, 스스로를 주려고 노력하면서 자신이 아무것도 아니라는 것을 목격하고, 자신이 아무것도 아니라는 사실을 목격하면서 변화하려고 노력한다. 변화하려고 노력하면서, 사람들은 살아간다.

진정한 의미에서의 작품이 문학 작품이 아닌 삶이라면, 그가 자아로부터의 해방을 위한 조건들 가운데, 모든 밀교 전통이 그래왔던 것처럼, 신비주의 입문서라기보다는 오히려 다이어트를 원하는 사람에게 어울릴 만한 권고 사항과 식이요법까지 포함시켰다고 해도 그다지 놀랄 일은 아닐 것이다. "식사 전에 5분 내지 10분이라도 편한 자세로 누워 휴식을 취하고 특히 상복부와 목의 긴장을 완화시킨다."*

문학적인 창조 활동이 자기 변화 과정과 병행될 수 있다거나 그래야만 한다든지, 또는 시를 쓰는 일이 시인을 일종의 예언자로 변신시키는 한에서만 의미가 있다는 생각은 문예지 《르 그랑 주》의 문인들이 그들을 대표하는 시인으로 (결코 우연이라 할 수 없는 선택에 따라) 추앙한 랭보 Jean Nicolas Arthur Rimbaud의 증언 속에 어느 정도는 함축되어 있었던 것으로 보인다. 랭보가 서둘러 집필을 포기한 작품이 독자들에게 끝없는 매력을 발휘하는 까닭은 작품

---

* 르네 도말, 《자기 연단》, 77쪽.

이 움직이는 다름 아닌 이중적인 차원 때문이다. 여기서 고행이 "모든 감각의 멀고 방대하고 이성적인 무질서"의 형태를 지닌다는 것은 별로 중요하지 않다. 결정적인 것은 여전히 작품에 도달하기 위한 유일한 방편으로서의 자기 연단, 그리고 자기 연단의 기초적인 조건으로서의 문학 작품이다. 폴 드메니Paul Demeny*에게 보내는 편지에서 그는 일종의 단계별 과정을 제시하면서 이렇게 말한다. "시인이 되려는 자가 가장 먼저 연구해야 하는 것은 자기 자신이다. 그는 스스로에 대해 모든 것을 알아야 한다. 자신의 영혼을 찾아, 그것을 점검하고 실험하고 이해해야 한다. 그리고 깨달음을 얻자마자 그것을 키워나갈 줄 알아야 한다. (…) 말하자면, 그는 예언자여야 하고 예언자가 되어야 한다." 하지만 그렇게 해서 탄생한 책《지옥에서 보낸 한 철Une Saison en Enfer》은 바로 그런 이유에서, 우리에게 전혀 문학적이지 않은 경험을 묘사하고 확인시키려는 한 작

---

* (옮긴이) 폴 드메니(1844~1918)는 프랑스 시인으로 랭보와의 관계 때문에 항상 거론되는 인물이다. 드메니는 22편의 시가 수록된, 이른바 〈도에의 노트 Cahier de Douai〉라고 불리는 수사본과 일명 〈견자의 편지Lettre du Voyant〉라는 서신을 랭보에게 보낸 것으로 유명하다.

품의 모순을 보여준다. 이 비문학적인 경험이 자리하는 곳은 다름 아닌 주체, 즉 그런 식으로 자신을 변모시키면서 결국 그 작품을 쓸 수 있는 힘을 획득하는 주체다. 작품의 가치는 경험에서 비롯되지만 이 경험은 오로지 작품을 집필하는 데만 사용된다. 적어도 경험의 가치는 오로지 작품을 통해서만 증명된다.

아마도 이런 방식으로 저자가 처하게 되는 상황의 모순을 이하의 진단만큼 더 명쾌하게 표현하는 것은 없을 것이다. "나는 환상적인 작품이 되었다." 이 작품이란 하나의 공연, 즉 그의 머릿속에 있는 "신성한" 무질서와 "짤막한 환각" 현상들이 그의 깨어 있는 시선 앞에 마치 삼류극장의 무대 위에서처럼 펼쳐지는 장면과 일치한다. 결국 랭보가 이러한 악순환을 바라보며 조만간 자신의 작품뿐만 아니라 작품이 증언하는 정신착란에 대해 혐오감을 느끼고 아무런 미련 없이 문학과 유럽을 단념했다는 것은 어쩌면 당연한 결과였다고 봐야 할 것이다. 여동생 이사벨의 증언에 따르면(이러한 증언이 항상 믿을 만한 것은 못 되지만), 그는 "자신이 비웃고 놀리던 스스로의 모든 작품을 (단언컨대 굉장히 기쁜 마음으로) 불태운다."

이제 남은 것은 랭보가 에티오피아와 아덴에서 무기와 낙타를 팔기 위해 시를 단념하기로 한 결심이 사실은 그가 원하는 작품의 일부를 차지하리라는 특이하고 집요한 인상이다. 물론 랭보의 전기를 살펴보면 삶과 작품의 이러한 극단적인 병합은 전혀 근거 없는 것으로 드러난다. 하지만 낭만주의가 예술과 삶 사이에 펼쳐놓은 장구한 혼돈을 증명하는 것은 바로 이런 차원의 병합이다(랭보가 자기 연단을 모르는 고대의 인간과 스스로 예언자가 될 줄 아는 낭만주의 시인들을 대조하며 드메니에게 쓴 편지는 이에 대한 하나의 설득력 있는 자료로 남는다).

　랭보가 이 편지를 쓸 때, 헤겔은 이미 오래전에 예술의 '죽음'을, 아니 좀 더 정확히 말하면 문명화된 인류의 생동하는 힘을 주도하던 예술의 역할이 과학에게 양도되었다는 사실을 진단한 상태였다. 하지만 헤겔의 진단은 사실 예술이라기보다는 오히려 종교에 적용될 수 있는 성격의 것이었다. 헤겔이 예술의 퇴보와 황혼을 묘사하기 위해 인용하는 현상은 사실 그리스도와 성모 마리아의 눈부신 이미지 앞에 우리가 "더 이상 무릎을 꿇지 못한다"는 것이었다. 서양 문화에서 종교, 예술, 과학은 명확하게 구분되어 있지만 사실 서로 분리될 수 없는 것으로 남아 있다. 이 세 영역은 서로 자리를 바꾸거나 동맹을 맺고 어느 하나가 다른 두 영역을 완전히 압도하는 법 없이 끊임없이 투쟁을 계속해왔다. 종교와 예술을 고유의 영예로운 터전에서 쫓아낸 과학의 인간은 낭만주의와 함께 종교와 예술이 하나의 불안하고 개연성 없는 동맹을 통해 회귀하는 모습을 목격한다. 예술가는 이제 신비주의자, 고행주의자의 깡마른 얼굴을 하고 있고 그의 작품은 오히려 예배의 기운이 감도는 가운데 기도가 되고 싶어 한다. 종교의 가면이 신빙성을 완전히 잃었을 때, 보다 나은 진리를 위해 자신의 예술을 희생시킨 예술가는 결국 본연의 모습, 하나의 살아 있는 몸과 벌거벗은 삶으로만 스스로를 드러내며 자신의 비인간적인 권리를 주장할 뿐이다.

어쨌든 랭보의 결정에는 신비주의적 행보와 시, 자기 연단과 작품의 창조를 융합하려는 낭만주의적 시도의 실패에 대한 또렷한 인식이 담겨 있다.

예술의 기술적인 숙련이 (예술ars이라는 용어의 중세적인 의미, 즉 모든 기술과 직업을 포함하는 보다 넓은 의미에서) 인간의 행복을 (물론 이 두 가지 요소가 어떤 식으로든 밀접하게 연관돼 있는 것은 사실이지만) 보장하지 못한다는 생각은 토마스 아퀴나스의 《대對이교도대전Summa contra Gentiles》에 기록된 짤막한 문구에서도 그 흔적을 찾아볼 수 있다. "인간의 궁극적인 행복은 예술의 실천에 있을 수 없다." 예술의 목적은 사실상 예술적인 것, 기술적인 것의 생산이며 이러한 작품들이 인생의 목적을 구축하는 것은 아니다. 이것들이 어떤 식으로든 인간을 위해 사용될 목적으로 만들어진 만큼, 인간이 작품의 목적이지 그 역은 성립하지 않는다.

인간의 궁극적인 행복은 신을 관조하는 데 있다. 그러나 예술 활동을 포함한 인간의 활동이 고유의 활동 목적과 일치하는 신의 관조에 귀결되는 만큼, 예술 활동과 행복 사이에는 필연적인 연관성이 존재한다고 봐야 한다. "관조의 완성을 위해서는 사실 육체의 무사안전이 필요하며 이 육체의 안전에 삶이 필요로 하는 모든 생산품들이 종속된다." 행복을 추구하는 인간의 모든 활동이 보장하는 것은 따라서 예술 작품 역시 어떤 의미에서는 인간의 궁극적인 목적을 구축하는 관조의 구도 속에 포함되어 있다는 사실이다.

예술 활동과 자기 연단의 부주의한 조합은 작품의 소멸이라는 결과를 가져왔다. 이러한 현실은 아방가르드 예술을 통해 분명하게 드러난다. 예술가와 창조 과정에 만장일치로 주어졌던 특권이 여기서는 이상하게도 이들이 창조하고자 의도했던 것을 대가로 내놓으면서 주어진다. 다다이즘의 가장 독창적인 아이디어는 예술을 반대한다기보다는 (예술은 여기서 오히려 신비주의 규범과 비평의 중간 정도에 놓인 무언가로 변신한다) 예술 작품에 반대하겠다는 (예술 작품은 여기서 파기되고 조롱의 대상이 된다) 것이었다. 후고 발Hugo Ball*이 개종할 무렵 예술가들에게 작품의 창조를 그만두고 "스스로를 소생시키기 위해 열성적으로 노력하라"고 권고했던 것도 바로 그런 의미에서였다. 뒤샹Marcel Duchamp의 경우, 〈커다란 유리〉와 '레디메이드ready-made'를 만들어내면서 그가 보여주고자 했던 것은 예술가의 활동이 "정신을 보좌할" 수 있도록 "그림을 그리는 물리적 행위를 뛰어넘는 것이" 가능하다는 것이었다. 뒤샹

---

* (옮긴이) 후고 발(1886~1927)은 독일의 작가, 시인 및 연극 연출가로 다다이즘을 이끈 예술가들 중 한 명이다.

은 이렇게 말했다. "다다는 회화의 물리적인fisico 측면에 대한 극단적이고 날카로운 형태의 항의였다. 다다의 태도는 형이상학적인metafisico 것이었다." 하지만 예술 활동과 자기 연단의 이름으로 이뤄지는 작품의 폐지를 보다 분명한 방식으로 표명한 인물은 아마도 이브 클라인Yves Klein일 것이다. "내 그림은 나의 예술이 타고 남은 재"라고 생각했던 클라인은 작품의 폐지를 극단적인 단계로 몰고 가면서 이렇게 말한다.

내가 도달하려고 하는 것, 나의 발전된 미래의 모습, 내 문제의 해결책은 가능한 한 빨리, 하지만 의식적으로, 주의 깊고 신중하게, 더 이상 아무것도 하지 않는 것이다. 나는 존재하려고 노력할 뿐이다. 나는 '화가'가 될 것이다. 사람들은 나를 보고 '화가'라고 말하겠지. 그러면 나는 나 자신을 '화가'로 느낄 수 있을 것이다. 진정한 의미에서의 화가, 왜냐하면 나는 그림을 그리지 않을 테니까 (…). 화가로 존재한다는 것은 역사상 가장 놀라운 회화 작업이 될 것이다.*

---

* 이브 클라인, 《"예술의 문제성을 초월한다는 것" 외 다른 글들Le dépassement

하지만 그의 이러한 표현들을 통해 분명히 드러나는 것은 작품의 폐지와 함께 예기치 못한 상태에서 자기 연단 또한 무산되고 만다는 사실이다. 스스로의 연마에 집중하기 위해 작품을 단념한 예술가는 이제 아이러니한 표정의 가면 외에는 아무것도 만들어내지 못하고, 자신의 살아 있는 육신을 조금도 망설이지 않고 전시하는 것 외에는 아무것도 하지 못하는 절대적으로 무능력한 인간이다. 그는 이제 내용 없는 인간이다. 마음에 들어서인지, 또는 공포에 사로잡혔기 때문인지는 알 수 없지만 그는 작품의 소멸이 그의 내면에 남긴 공허함을 주시할 뿐이다.

여기서 우리는 정치를 향한 예술 활동의 점진적인 일탈을 주목할 필요가 있다. 아리스토텔레스는 스스로의 외부에 대상을 생산해내는 포이에시스, 즉 장인이나 예술가의 활동을 스스로의 내부에 고유의 목적을 지니는 실천, 이를테면 정치적 활동과 대치시켰다. 그런 의미에서, 예술 활동을 희생하면서까지 작품의 폐지를 도모했던 아방가

de la problématique de l'art et autres écrits》(Paris : École Nationale Supérieure des Beaux-Arts, 2003), 236쪽.

르드 예술은 좋은 싫든 스스로의 자리를 포이에시스 단계에서 실천의 단계로 옮겨갈 수밖에 없다. 이는 곧 아방가르드 예술이 스스로를 폐지하고 하나의 정치 운동으로 변신할 수밖에 없는 운명에 처해 있음을 의미한다. 기 드보르Guy Debord*의 반박할 수 없는 판결문에 따르면, "초현실주의는 예술의 폐지 없이 예술을 실현하기 원했고, 다다이즘은 예술의 실현 없이 예술의 폐지를, 반면에 상황주의는 예술의 폐지와 실현을 모두 원했다."

문학 작품과 자기 연단이 지나치게 밀착되어 있을 경우 영적 성장에만 초초하게 매달리는 현상이 발생할 수 있다. 비근한 예로 크리스티나 캄포Cristina Campo**를 들 수 있을 것이다. 작가로서 독창적인 재능을 발전시키는 일이 처음에는 완벽주의를 향한 강한 집념에 의해 주도되었지만 동일한 집념이 이를 점차 부식시키기 시작했고 결

---

* (옮긴이) 기 드보르(1931~1994)는 프랑스의 작가, 영화 제작자, 철학자로 상황주의자 인터내셔널 창립 일원이었다. 주요 저서인 《스펙터클의 사회La Socié-tédu Spectacle》(1967)를 통해 현대 사회는 진정성이 사라지고 피상적인 현실과 표상이 지배하는 사회, 즉 스펙터클의 사회가 되었다고 비판했던 인물이다.
** (옮긴이) 크리스티나 캄포(1923~1977)는 이탈리아의 여류작가이자 시인. 말년에 고립된 생활을 하며 인간의 정신세계에 관한 종교성이 짙은 성향의 시와 글을 썼다.

국 완전히 집어삼키고 만 경우였다. 캄포의 완벽주의는 외형적인 완벽주의(사람들이 끊임없이 칭찬만 늘어놓는 '용서할 수 없는' 저자들의 경우처럼)인 동시에, 동일한 차원에서 외형적 완벽주의에 대해 거의 분노에 가까운 경멸을 표시할 줄 아는 영적인 완벽주의다. 그녀는 망상에 사로잡혀 "관심이야말로 표현될 수 없는 것을 향한 유일한 여정, 신비를 향한 유일한 길"이라고 자신에게 집요하게 되풀이한다. 그런 식으로 그녀가 망각하는 것은 또 하나의 망상, 바로 영적 완벽주의에 대한 그녀의 모든 요구를 힘없이 무너뜨리는 '동화'라는 훨씬 더 행복한 망상이다. 그녀의 글쓰기가 지니는 탁월한 가벼움은 그렇게 해서 한 손으로 박수를 쳐야 하는 불가능한 과제 속에서 사라지고 결국에는 칭찬의 필요를 전혀 느끼지 못하는 작가들의 아름답기 짝이 없는 걸작들을 찬사하는 일 외에 아무것도 하지 못하는 상황에 도달한다. 하지만 이것이 그녀의 순수함에 대한 끝없는 명성의 이유를 모두 설명해주지는 못한다. 우상에 가까운 저자들의 숭배에 천천히 좁은 의미에서의 숭배, 예배에 대한 열정이 들어선다. 말년에 계획했던《시와 예배_Poesia e rito_》에 대해 그녀는 이제 아무것도 이해하지 못한다. 그러는 사이에 문학에 대한 사랑은 점점 식어만 갔고 결국에는 이루어질 수 없지만 새롭고 포기할 수 없는 사랑에 의해 소멸되고 말았다. 사랑하는 프루스트Marcel Proust 가 그녀에게 말하기를 중단했던 것이다.

> 위대한 시의 웅장한 마지막 페이지, 무덤을 닫는 돌이라고나 할까, 장엄한 마지막 말 '시간Le Temps'마저도, 불가해한 방식으로 나를 차갑게 내버려두고 말았다. 맹렬한 위엄을 지닌 왕Rex tremendae maiestatis이 어쩌면 나의 문 밖에 와 있는지도. 하지만 아무것도 하지 않고, 그저 사랑하는 것들이 종이로 만들어졌다는 듯 바삭거리는 소리를 내도록 내버려두었을 뿐이다.*

이 경우에도 여파는, 혐오스러운 아방가르드 예술에서처럼, 어느 정도 정치적이었다. 크리스티나 캄포는 2차 바티칸 공의회에 이어 전개된 전례 개혁에 반대하며 집요

---

* 크리스티나 데 스테파노Cristina De Stefano, 《벨린다와 괴물. 크리스티나 캄포의 비밀스러운 삶Belinda e il mostro. Vita segreta di Cristina Campo》(Milano : Adelphi, 2002), 180쪽.

하면서도 씁쓸한 투쟁의 말년을 보내야만 했다.

자기 연단과 작품의 생산이 동일한 본질을 가지고 있으며 서로 분리할 수 없는 요소라는 것이 어느 곳에서보다 도드라지게 드러나는 분야는 바로 연금술이다. 연금술 작업은 실제로 금속의 변화가 연금술사의 변화와 병행해서 이뤄져야 하고 '현자의 돌'에 대한 연구와 생산이 이를 주도하는 주체의 영적 창조 및 재창조와 일치해야 한다는 점을 전제로 한다. 연금술사들은 그들의 작업이 금속의 변질을 통해 해결되는 물리적인 작업이며, 따라서 금속은 여러 단계를 거친 뒤에야 (각각의 단계는 색상에 따라 상이한 이름을 가지고 있다. 검은색의 니그레도nigredo, 흰색의 알베도albedo, 노란색의 치트리니타스citrinitas, 붉은색의 루베도rubedo) 그들이 원하는 결과를 얻게 된다고 분명히 말하지만, 한편으로는 이에 못지않게 집요한 방식으로 반복해서 강조하는 것이 있다. 이들은 연금술에 사용되는 금속이 결코 천한 금속이 아니며 현자의 금도 평범한 금이 아니고, 결국에는 연금술사 자신이 현자의 돌이 된다고 말한다("너희들 스스로를 죽은 돌에서 살아 있는 현자의 돌로 변신시켜라").

가장 오래된 연금술 서적들 가운데 하나인 데모크리

토스Democritos의 책은 《자연적이고 신비로운 것들에 관하여 *Physikàkai Mystikà*》라는 제목을 가지고 있다. 제목 자체는 연금술이라는 분야가 가지고 있는 두 차원의 상호 침투력을 패러다임의 형태로 보여준다. 연금술사들은 항상 연금술을 물질적인 차원에서뿐만 아니라 도덕적인 차원에서 이해해야 한다고 주장해왔다. 이런 상황에서 연금술을, 비록 모호하고 미숙한 형태지만, 현대 화학의 모체로 보았던 베르틀로Pierre Eugène Marcelin Berthelot나 폰 리프만Edmund Oskar von Lippmann 같은 과학사가들이 있었던 반면 에볼라Giulio Cesare Andrea Evola나 풀카넬리Fulcanelli 같은 밀교密敎 학자들은 연금술 서적에서 신비주의적 경험의 코드화된 기록 외에는 아무것도 보지 못했다. 학자들 가운데 오히려 긍정적인 위치를 점할 수 있었던 이들은 엘리아데Mircea Eliade와 융Carl Gustav Jung이다. 이들은 연금술이 지닌 두 가지 측면의 분리가 불가능하다는 특징을 가장 중요한 요소로 지목했다. 엘리아데는 연금술을 신비주의 경험이 물질에 투영되는 것으로 보았다. 연금술이 실질적으로 금속을 다루는 작업이었다는 점은 의심할 여지가 없는 사실인 반면, "연금술사들은 그들이 다루는 금속 위에 고통의 신비주의적 기능을 투영시켰다. (…) 연금술사는 그의 작업실에서 자기 스스로를 대상으로, 스스로의 신체적이고 심리적인 삶뿐만 아니라 자신의 도덕적이고 정신적인 경험을 대상으로 일에 몰두했다." 금속이 죽었다가 다시 생성되듯이 연금술사의 영혼 역시 소멸되었다가 다시 태어나며, 이때 금의 생성은 연금술사의 부활과 일치한다.

화학 반응에 중점을 둘 수도 있고 정신적인 여정을 강조할 수도 있겠지만, 연금술을 연구하는 학자들은 연금술 서적과 사료에 실린 글들의 내용(연금술을 다루는 유일한 문헌인데도)에 커다란 관심을 기울이지 않는다. 그러나 음양의 비밀이 담긴 연금술의 '위대한 작품'에 대해 알고 싶은 사람은 참조하지 않을 수 없는 것이 바로 이 문서들이다. 이 문서들은 그 자체로 하나의 방대한 사료 체제를 구축한다. 대표적인 예는 베르틀로가 엮은 그리스 연금술사들의 수사본 전집이나 《화학 극장Theathrum Chemicum》의 팔절판 전집, 또는 《진기한 화학 백서Bibliotheca chemica curiosa》나 《헤르메스 박물지Museum Hermeticum》 등이다. 이 문헌들 속에는 편집에 열광하던 17세기 학자들이 중세 명작집의 형태로 모아놓은 '철학자'들의 가르침이 수록되어 있다. 이 문헌들을 접해본 독자들은 하나의 본격적인 '문학 작품'을 대하고 있다는 느낌에서 쉽게 벗어나지 못했을 것이다. 내용과 형태는 엄격히 코드화되어 있고, 마치 중세의 알레고리 시나 현대의 포르노그래피 소설처럼 탁월한 비가독성으로 유명한 문학 장르들이 전혀 부럽지 않을 만큼 단조롭고 읽기가 고통스러운 책들이다. '등장인물'들은 (왕 또는 여왕이 등장하면 이들은 동시에 해와 달이 되기도 하고, 남성과 여성, 유황과 수은을 가리키기도 한다) 훌륭한 모든 소설에서와 마찬가지로 온갖 종류의 불운을 경험하고 아울러 결혼식을 올리고 잠자리를 같이하고 자식을 낳고 용과 독수리를 만나고 죽은 (이것이 바로 '네그레도', 검정색 연금 과정의 무시무시한 경험이다) 뒤에 행복하게 부활한다. 하지만 이야기의 내용은 결국 끝까지 이해할 수 없는 것으로 남는다. 왜냐하면 저자들이 묘사하는 에피소드의 연장선상에서, 혼란스럽기 짝이 없고 그 자체로 이미 수수께끼에 가까운 이야기가 글 바깥의 현실을 끊임없이 암시하면서, 이 현실의 결말이 결국에는 연금술사의 불가마 속에서 이루어질 것인지, 아니면 연금술사 또는 독자의 영혼 속에서 이루어질 것인지를 불분명하게 만들기 때문이다. 게다가 수사본이나 인쇄본들을 장식하고 있는 이미지들이 모호하다는 인상을 배가시킨다. 이 이미지들은 지나치게 암시적이고 매혹적이어서 독자가 눈을 떼기 힘들 정도다.

우리는 이런 종류의 글들이 해독 방법을 알고 있는 사람만 이해할 수 있는 암호문일 수도 있다는 점을 어렵지 않게 이해할 수 있다. 하지만 그렇다면 왜 이런 종류의 문학이 전례를 찾아보기 힘들 정도로 널리 확산되었는지 이해가 되지 않는다. 게다가 권위 있는 문헌인 《위대한 돌의 작품에 관한 책*Liber de magni lapidis composition*》이 연금술 서적들은 과학을 보급하기 위해 쓰인 것이 아니라 단지 철학자들이 학문을 추구하도록 만들기 위해 쓰였을 뿐이라고 기록하고 있기 때문에, 암호문에 대한 가능성은 일축되어야 할 것으로 보인다. 문제는 학문을 장려하기 위해 썼다고 하는 경우에도 의혹이 쉽게 사라지지 않는다는 점이다. 왜 썼단 말인가? 알려야 할 내용을 전혀 담고 있지 않은 글들이 끊임없이 확산된 까닭은 무엇인가?

자기 연단과 한 작품의 창조를 완벽하게 일치시키려는 연금술의 시도는 방대하고 당돌하며, 궁극적으로 지루

하기 짝이 없는 연금술 문헌이라는 거북하면서도 제거가 불가능한 잔재를 남긴다. 그러나 이 문헌들은 일련의 역사적 현상이며, 연금술이라는 방심할 수 없는 무인지대에서, 하나의 유일무이한 부동의 확실성으로 남는다. 결국 외부 현실에 대한 증언으로서만 정당성을 획득하는 듯 보이던 문헌은 그런 식으로 예기치 못했던 고유의 정당성을 확보하게 된다. 이 문헌의 자족적인 성격을 연금술 문학의 억측에 가까운 내용보다, 텍스트를 뛰어넘어 무언가를 참조하려는 '문서화할 수 없는 경향'보다 더 잘 증명하는 것은 없다. 연금술 문학은 그런 의미에서 글쓰기가, 아마도 역사상 처음으로, 참조를 통해 글의 절대성을 하나의 외부 현실, 텍스트 바깥 세계와 융합시키려고 시도한 공간이라고 볼 수 있다. 이것이 바로 랭보나 캄포처럼 두 가지 현실을 통일된 상태로 유지하기 위해 집요하게 노력했던 작가들이 발견한 연금술의 매력이었다. 이들이 추구했던 것은 말의 변화를 통해 구원을 찾고 구원을 통해 말의 변신을 꾀하는, 말 그대로 '언어의 연금술'이었다. 레이몽 루셀 Raymond Roussel의 작품은(또는 비-작품은), 언어의 연금술이 수수께끼 놀이로 변하는 곳에서 이러한 시도가 스스로의

실패를 거의 장식적인 차원에서 전시하는 경우의 표상이
라고(매력적이면서도 동시에 백해무익하고, 그런 무용성 때문에
매력적인 표상이라고) 할 수 있다.

크리스티나 캄포에게 지대한 영향력을 끼쳤던 시몬
베유는 자기 연단과 자기 밖에 작품을 창조해내는 행위의
차이를, 정액이 몸 밖이 아닌 내부로 발산되는 경우를 상
상하며 설명한 적이 있다.

> 고대인들은 어린아이의 정액이 피와 섞여 함께 온몸을 순
> 환한다고 믿었다. (…) 노인들의 경우에도 정액이 온몸을
> 돌아다닌다는 생각은 틀림없이 (…) 구원의 문과 다름없는
> 영원불멸의 상황이 유아기와 일치한다는 사고와 밀접한
> 관계를 가지고 있다. 여기서 정액은 몸 밖으로 발산되는
> 대신 몸 안으로 발산된다. 마찬가지로 창조의 잠재력은—
> 정액은 이 잠재력의 상징적인 이미지인 동시에 어떤 의미
> 에서는 신체적인 기초라고 할 수 있다—절대선을 추구하
> 는 인간에 의해 그의 영혼 바깥이 아닌 영혼 내부를 향해
> 발산된다. (…) 정액을 자신의 몸 안으로 발산하는 사람이

하는 일은 스스로를 재생하는 것이다. 여기서 우리는 분명히 영적 성장 과정의 이미지와 의심할 여지가 없는 실질적 신체 조건을 발견할 수 있다.*

연금술에서와 마찬가지로 여기에 언급되는 영적 성장 과정 역시 스스로의 재생과 일치한다. 하지만 이처럼 스스로에게서 벗어나는 법을 모르는 자기 창조란 대체 무엇을 의미하는가? 이러한 창조는 프로이트주의(시몬 베유는 언젠가 프로이트주의에 대해 "그 안에 담긴 생각의 틀이 내용을 완전히 틀린 것으로 만들도록 구축되지 않았다면 전적으로 옳다고 봐야 할 것"이라고 말한 바 있다**)가 나르시시즘이라고 부르는 것, 즉 리비도의 내사內射와 어떻게 다른가? 여기서 "무언가를 목표로 하지 않는 진로"의 모델로 등장하는 아이는 단순히 자기 밖을 향하는 활동을 꺼리는 것이 아니다. 아이가 보여주는 것은 오히려 우리가 흔히 놀이라고 부르는 특별한 방식의 활동이며, 이 놀이에서 가장 중요한 목

---

* 시몬 베유, 《공책 3권Quaderni III》, G. Gaeta 편저(Milano : Adelphi, 1988), 163쪽.
** 같은 책, 164쪽.

적은 외적인 대상의 생산과는 거리가 멀다. 베유의 상상력을 토대로 표현해보자면, 정액, 즉 유전자적 시원始原은 여기서 발산과 주체 속으로의 회귀를 끊임없이 반복하고 주체 바깥에 창조되는 작품 역시 창조와 재창조를 그만큼 끊임없이 반복한다고 할 수 있다. 아이는 자기 연단을 계속하지만 그것은 오로지 자기 바깥에서 활동한다는 조건하에서만 이루어지는 일이다. 이것이 바로 이 놀이의 본질이다.

모든 현실에서(모든 글에서와 마찬가지로) 표면적인 것과 숨겨진 의미를 구별할 줄 알아야 한다는 생각은 다름 아닌 밀교密敎의 토대를 이루던 원리였다. 20세기의 밀교 전문가인 동시에 시아파 전통을 연구하던 한 학자는 이 원리를 다음과 같은 방식으로 설명한다.

외면적이고 표면적이며 통속주의적인essoterismo(zahir) 모든 것은 하나의 숨어 있는 내면적 현실, 밀교적인esoterismo(batin) 현실을 지니고 있다. 통속적인 것은 표면적인 형식이며 밀교적인 것이 현현顯現하는 공간이다. 따라서 통속적인 것과 밀교적인 것은 모두 서로를 필요로 한다. 전자는 후자가 눈앞에 공개된 모습이며, 후자는 전자의 초감각적인 내용, 사실적인 관념, 비밀, 직관gnosi, 의미다. 하나는 보이는 세계에, 또 하나는 초감각적인 세계에 뿌리를 두고 있다.*

숨겨진 이맘**에 대한 시아파의 교리는 밀교가 역사에 적용된다는 것을 의미한다. 12대 이맘의 은폐를 토대로 하는 신성한 역사는 사실을 근거로 하는 역사와 정확하게 상응한다. 이맘이 숨어 있는 것은 사실 인간들이 그를 알아보지 못하는 지경에 이르렀고 아울러 밀교에 입문한 사람만이 역사적인 사건 속에 숨겨진 의미를 완전하게 파악할 수 있기 때문이다.

우리가 외관이 본질적인 무언가를 신비라고 부른다면 분명한 것은 밀교가 잘못을 범하면서 거스르는 것이 바로 밀교가 수호하려는 신비라는 점이다. 밀교 추종자는 다시

---

* 앙리 코르뱅Henry Corbin,《숨겨진 이맘L'Imam nascosto》, M. Bertini 옮김(Milano : SE, 2008), 21~22쪽.
** (옮긴이) 아랍어 '이맘Imām'은 시아파 이슬람 세계에서 '정신적인 지도자', '모범이 되는 자'를 가리킨다. 역사적으로 이슬람 사회의 지도자를 가리키며 그런 의미에서 수니파의 칼리파에 상당하는 인물이다.

말해 두 번의 잘못을 범한다. 한 번은 숨겨진 것을 상대로, 왜냐하면 그것이 모습을 드러내는 순간 본 모습을 잃어버리기 때문에, 그리고 또 한 번은 베일을 상대로, 왜냐하면 그것이 걷히는 순간 존재의 이유를 잃고 말기 때문이다. 이에 대해 우리는 또 다른 방식으로, 즉 밀교 추종자는 아름다움을 상대로 잘못을 저지른다고 말할 수 있다. 벗겨진 베일은 더 이상 아름답지 않고 밝혀진 의미는 고유의 형상을 잃어버리기 때문이다. 이러한 원리로부터 파생되는 논리적 결과는 어떤 예술가도 밀교 추종자일 수 없으며, 어떤 밀교 추종자도 예술가가 될 수 없다는 사실이다.

이 시점에서 예배를 시의 가장 숭고한 형태로 보려 했던 크리스티나 캄포의 열정적이면서도 모순적인 집착이 과연 무엇이었는지 좀 더 분명하게 파악될 수 있을 것이다. 그녀가 구하려고 했던 것은 다름 아닌 아름다움이다. 하지만 한 가지 조건이 있었다. 그것은 바로 아름다움(그녀가 예배라고 부르는 아름다움)이 신비를 뜻하는 그리스어 미스테리온mysterion의 본래 의미에 따라, 하나의 드라마로, 즉 아무것도 계시하거나 상징하고 않고 단순히 드러낼 뿐이기 때문에 형태가 변질될 수 없는 하나의 신성한 드라마로 남아야 한다는 것이었다. 즉 그녀가 예배라고 부르는 아름다움이 드러내는 것은 감춰진 것이 아니라 오로지 눈에 보이는 것이어야 할 필요가 있었다. 만약 보통 사람들이 생각하는 것처럼, 또는 가끔씩 크리스티나 캄포도 생각하는 것처럼 보이듯이, 예배를 감춰진 의미의 상징적 표상으로만 여긴다면 예배는 신비를 잃고, 신비와 함께 아름다움마저도 잃어버리고 말 것이다.

미셸 푸코는 말년에 그가 자주 언급했던 '자기 배려'라는 주제를 연구하는 데 모든 노력을 집중했다. 푸코가 의도했던 것은 무엇보다도 황혼기의 고대인들이 가장 집요하게 추구하던 것들 가운데 하나, 즉 앎이 아닌 '자기 관리' 내지 '자기 연단'을 위해 마련해두고 있던 장치나 관습(양심 점검, 수기hypomnemata, 고행 수련)에 관한 연구였다. 하지만 여기서 더 오래된, 또 하나의 주제가 문제시된다. 바로 주체의 구축이라는 문제, 특히 "한 개인이 자신의 행동을 기반으로 하는 도덕적 주체를 스스로 구축해가는 방식"의 문제였다. 이 두 주제가 서로 합류하는 곳에서 등장하는 세 번째 주제가 바로 푸코가 마지막 인터뷰를 통해 여러 번에 걸쳐 언급하면서도 자세히는 다루지 않았던 "존재의 미학"에 관한 생각, 즉 하나의 예술 작품으로 받아들여지는 삶과 자아의 미학에 관한 주제였다.

피에르 아도Pierre Hadot는 고대 철학의 가장 도드라진 특징들 가운데 하나인 '자기 관리'와 '자기 연단'을 오로지 미학적 차원에서만 다루려 한다고 푸코를 나무란 적이 있다. 푸코가 철학자의 과제와 스스로의 삶을 하나의 예술 작품처럼 구축하는 데 열중하는 예술가의 과제를 동등한 차원에서 비교할 수 있다고 생각한다는 것이었다. 아도는 자아를 "구축"이 아닌 "극복"하는 차원에서 다뤄야 할 필요가 있다고 보았다. 하지만 아도의 지적은 근거가 부족한 것으로 드러난다. 동일한 주제를 언급하는 푸코의 문장들을 꼼꼼히 살펴보면 그가 이 문제를 미학적 차원이 아니라 항상 도덕적 탐구의 차원에서 다루고 있다는 것을 확인할 수 있다. 일찍이 《주체의 해석학L'herméneutique du sujet》에 관한 첫 강의에서부터(콜레주 드 프랑스 1981~1982) 푸코는, 마치 아도의 지적을 예견이라도 한 것처럼, "자기 배려", 또는 "자기 관리"라는 표현을 도덕적인 면을 제외하고 미학적 관점에서만 읽으려는 현대의 유혹에서 벗어나야 할 필요가 있다고 경고한 바 있다. 그는 이렇게 말한다. "여러분도 알다시피, 이런 식의 문구에 (…) 어떤 긍정적인 가치를 부여하거나, 무엇보다도 이를 하나의 도덕적인 기준으로 삼지 못하도록 (오늘날, 우리에게) 방해하는 어떤 전통적인 관념이 (아마도 하나 이상의 관념들이) 존재한다고 생각합니다. 이런 문구들은 우리의 귀에 오히려 (…) 일종의 도전이나 자랑처럼, 어떤 도덕적 단절에 대한 의지처럼, 일종의 도덕적 댄디즘이나 초월할 수 없는 어떤 미적 위상에 대한 거만하고 개인적인 주장처럼 들립니다."* "자기 배려"라는 문구에 대한 이른바 미학적 차원의 해석에 반대하면서, 푸코는 곧장 "다름 아닌 '자기 관리'라는 계명을 기초로 서구 세계의 가장 엄격하고 금욕적이며 규율적인 도덕관들이 구축되었다"고 밝힌다.

《성性의 역사L'usage des plaisirs》2권의 서문에서 "존재의 미학"과 윤리적 영역과의 밀접한 연관성은 모든 의혹을 뿌리칠 수 있을 정도로 분명하고 또렷하게 표명된다. 이 책이 다루는 "존재의 예술"과 인간이 인생을 "하나의 예술

---

* 미셸 푸코,《주체의 해석학》(Paris : Gallimard, 2001), 14쪽.

작품으로, 즉 일련의 미적 가치들을 표현할 수 있고 구체
적인 양식적 기준에 답할 수 있는 하나의 작품으로" 만들
기 위해 이용하는 "자아의 기술"은 사실 인간이 일련의 행
동 규범들을 고착시키기 위해 사용하는 "의도적이고 논리
화된 관행"에 지나지 않는다. 이런 식으로 고착화되는 행
동 규범들은, 반박의 여지를 남기지 않는 푸코의 표현에
따르면 "윤리-생산적인"* 기능을 수행한다. 사망하기 일
년 전에 가진 한 인터뷰에서 푸코는 "자기 배려"가 그리스
인들에게는 미적인 문제가 아니라 "그 자체로 무언가 도
덕적인"** 문제였다고 밝힌 바 있다.

　"자기 배려" 또는 "자기 연단"의 문제는 논리적인 성
격, 또는 주로 문법적인 성격의 어려움을 기본적으로 안고
있다. '스스로'라는 대명사는 인도유럽어에서 재귀적인 용
법으로만 사용되며 결과적으로는 주격을 가지고 있지 않

---

* 미셸 푸코,《쾌락의 활용. 성의 역사 2*L'uso dei piaceri. Storia della sessualità 2*》, L.
Guarino 옮김(Milano : Feltrinelli, 1984), 15~17쪽.
** 미셸 푸코,《말해진 것들과 쓰여진 것들*Dits et Ecrits*》, D. Defert·F. Ewald 편저
(Paris : Gallimard, 1994), IV권, 714쪽.

다. '스스로'는 문법적 주어를 (재귀를 주도하는 주어) 전제로 하지만 독립적으로는 결코 주어의 입장에 서지 못한다. 그런 의미에서 재귀적 관계와 일치하는 이 '스스로'는 절대로 주체가 될 수 없고 주어도 되지 못한다. 미셸 브레알 Michel Bréal이 증명해 보였듯이 그리스어의 '에토스ethos'라는 용어는 접미사 '-thos'가 붙은 재귀대명사적 용어에 지나지 않으며 문자 그대로 '자기성ipséité'을, 즉 주어가 스스로를 경험하는 방식을 의미한다. 이러한 특징은 결과적으로 도덕적 주체라는 표현이 그 자체로 용어상의 모순이라는 점을 보여준다. 앞서 살펴보았던 대로 모든 자기 연단의 시도를 위협하던 모순과 난관이 바로 여기서 비롯된다고 볼 수 있다. 스스로와의 관계에 진입하려는 주체는 바닥 없는 어두운 심연 속으로 빠져들어가기 마련이고 그곳에서 그를 구할 수 있는 것은 신뿐이다. 니그레도, 모든 자기 탐구 속에 내재하는 어두컴컴한 밤의 뿌리가 바로 여기에 있다.

이러한 뿌리 깊은 모순을 푸코 역시 통감하고 있었던 것으로 보인다. "사람들이 관계하는 '자기'란 관계 그 자체에 지나지 않는다. (…) 뭐랄까, 그것은 내재하거나, 또는 관계 자체에 자아가 존재론적으로 적응하는 방식이다."[*]
다시 말해 자기 자신과의 관계 이전에 주체란 존재하지
않는다. 주체란 이 관계와 일치하며 관계하는 양자의 어느
한쪽과는 일치하지 않는다. 푸코가 '예술 작품으로서의 삶
과 자아'라는 아이디어에 집착하는 것은 바로 이런(자기 연
단과 관리가 하나의 모순적인 과제로 등장하는) 차원에서 진행
되는 일이다. 드레이퍼스Hubert Dreyfus, 라비노우Paul Rabinow
와의 인터뷰에서 푸코는 이렇게 말한다. "우리가 선험적
으로 주어지지 않은 '주체'에 대한 생각에서 실질적으로
벗어날 수 있는 길은 한 가지밖에 없다고 생각합니다. 우
리는 스스로를 하나의 예술 작품으로 만들어야 합니다.
(…) 관건은, 한 개인의 창조 활동을 자기 자신과의 관계에
연결시키는 것이 아니라, 자아와의 관계를 창조 활동에 연
결시키는 일입니다."[**]

　이 마지막 주장을 우리는 어떻게 이해해야 하는가? 우
리는 이 문장을, 주체가 선험적으로 주어지지 않은 만큼,

---

* 미셸 푸코, 《주체의 해석학》, 514쪽.
** 미셸 푸코, 《말해진 것들과 쓰여진 것들》, 392~393쪽.

예술가가 자신의 작품을 구축하듯 주체를 구축할 필요가 있다는 의미로 해석할 수 있을 것이다. 하지만 조금은 다른 방식으로, 자기 자신과의 관계와 자기 연단이 창조 활동과의 연관하에서만 가능해진다는 의미로도 얼마든지 해석할 수 있다. 이와 유사한 무언가를 푸코 역시, 아마도 1968년 클로드 본느포아Claude Bonnefoy와 가진 인터뷰에서 자신이 실천하던 창조 활동, 즉 글쓰기에 관해 이야기를 나누며 제안했던 것으로 보인다. 그는 글을 써야 할 의무감 같은 것을 느낀다면서, 그 이유가 글이 행복을 위해 꼭 필요한 해방감 같은 것을 존재에게 선사하기 때문이라고 말한다. 그리고 이렇게 덧붙인다. "글쓰기가 행복한 건 아닙니다. 존재한다는 행복감이 글쓰기에 매달려 있을 뿐이죠. 그건 약간 다른 이야기입니다."* 행복, 모든 자기 연단이 추구하는 이 탁월한 윤리적 과제는 글쓰기에 '매달려' 있다. 다시 말해, 행복은 오로지 하나의 창조적인 활동을 통해서만 가능해진다. 자기 배려는 어쩔 수 없이 하나의

---

* 미셸 푸코, 《멋진 위험Il bel rischio》, A. Moscati 옮김(Napoli : Cronopio, 2013), 49쪽.

작품 만들기를 거칠 수밖에 없다. 자기 배려에는 필연적으로 연금술이 필요하다.

　자기 연단과 창조 활동이 완벽하게 일치하는 예를 우리는 파울 클레Paul Klee에게서 찾아볼 수 있다. 클레의 작품 중에 단순히 작품으로만 그치는 것은 존재하지 않는다. 그의 모든 작품은 어떤 식으로든 무언가 다른 것의 참조를 요구한다. 하지만 이 색다른 무언가는 작가를 가리키지 않으며 오히려 작가의 변신과 재생이 이뤄져야 할 또 다른 장소를 가리킨다. 그곳은 다음과 같다.

　　구속을 모르는 나라
　　새로운 땅
　　기억의 숨결이 없는 곳
　　(…) 고삐 없이!
　　어떤 어머니의 자궁도
　　나를 데려다놓은 적이 없는 곳.

　이처럼 작품의 창조와 저자의 재생이라는 두 차원이 너무나 완벽하게 일치하기 때문에 클레가 그린 한 폭의 그림을 바라보며 우리가 떠올릴 수 있는 것은 어떻게 작품의 창조 작업과 자기 연단이 이토록 통일된 모습을 발견할 수 있었는가라는 질문이 아니라 오히려 이들의 분리를 생각한다는 것이 도대체 가능한 일인가라는 질문이 될 것이다. 다시 살아나는 저자란 당연히 호적상의 저자를 의미하지 않으며, 오히려 베른의 공동묘지에서 클레의 무덤을 장식하고 있는 글귀가 말해주듯, "죽은 자들 사이에서 뿐만 아니라 아직 태어나지 않은 이들 사이에서" 살던 존재, 바로 그런 이유에서 "창조에 훨씬 더 가까운" 존재를 가리킨다.

그는 창조와 재생이(또는 해체가) 완벽하게 일치하는 작품이 아니라 창조 속에, 창조의 순간 속에 머무는 존재다. 클레의 노트에서 끊임없이 반복되는 것은 "본질적인 것은 형상이 아니라 형성 과정"이라는 생각이다.

"형성 과정의 고삐가 손아귀에서 빠져나가도록 내버려둬서도, 창조 활동을 중지해서도" 안 될 것이다. 창조가 재창조를 계속하고 스스로의 정체에서 저자를 파묻시키는 것과 마찬가지로, 재창조는 작품이 형성 과정을 뒤로하고 오로지 형상으로만 존재하는 것을 가로막는다. 클레가

1922년에 남긴 한 단상에서처럼, "창조는 작품의 눈에 띄는 표면 안쪽에서 하나의 생성 과정으로 살아간다." 잠재력과 창조 원리는 작품의 구축 과정을 통해 완전히 소모되는 것이 아니라 계속해서 작품 속에 살아남는다. 아니, 오히려 "작품 속에 본질적인 것으로 남아 있는 것"과 일치한다. 바로 그런 차원에서 창조자는 작품과 일치할 수 있고 그 안에서 유일한 집과 유일한 행복을 발견할 수 있다. "그림은 특별한 목적을 가지고 있지 않다. 그저 우리에게 행복을 선사하겠다는 목표를 가지고 있을 뿐이다."

창조 활동(예술이라는 말이 중세에 가지고 있던 방대한 의미에서의 창조 활동)과의 관계는 어떤 식으로 자아와의 관계, 자기 연단을 가능하게 만드는가? 창조 활동이 중재 역할을 한다는 것과, 그러지 못할 경우 불가능한 것으로 남을 자기와의 관계에 견고함을 부여한다는 사실이, 물론 중요하지만, 전부는 아니다. 연금술에서와 마찬가지로, 이 경우에도 위험은 '자기 연단'을 외부 현실(금으로 변신하는 금속이나 창조되는 작품)에 의존하는 행위 여부에 달려 있다. 실제로 외부 현실과 자기 연단을 연결해주는 것은 비교나 비유라는 통로가 있을 뿐이다.

한편으론 자기 연단과의 관계를 통해, 창조 활동 역시 일종의 변화를 겪을 필요가 있다. 외부 현실(작품)과의 관계가 자기 연단을 가능케 한다면 그것은 그 관계가 어떤 잠재력과의 관계로 구축될 때만 가능한 일이다. 자신의 작품만을 통해 정체성을 획득하거나 스스로의 형상을 갖추기 위해 노력하는 주체는 스스로의 삶과 스스로의 현실을 자신의 작품과 끝없이 교환해야 하는 운명에 처하게 된다. 반면에 진정한 의미에서의 연금술사란, 작품 속에서 그리고 작품을 통해, 작품이 생산해낸 잠재력 외에는 아무것도 관찰하지 않는 사람이다. 바로 그런 이유에서 랭보는 자신이 수단과 방법을 가리지 않고 도달하려고 시도했던 시적 주체의 변신을 '비전'이라는 이름으로 불렀다. 시인이 "예언자"가 되어 관조하는 것은 언어, 다시 말해 글로 쓰인 작품이 아니라 글쓰기의 잠재력이다. 스피노자에 따르면, 모든 인간이 무언가를 할 수 있는 능력을 가지고 있고, 결과적으로 잠재력이란 다름 아닌 모든 존재의 본성 또는 본질과 일치하기 때문에, 이 잠재력을 관조한다는 것은 동시에 에토스ethos, '자기성ipséité'에 접근하기 위한 유일한 가능성이다.

어떤 잠재력을 관조하는 일은 전적으로 작품을 통해서만 가능한 일일 것이다. 하지만 관조를 통해 작품은 해체되고 무위적으로 변하면서 새로운 사용을 위한 또 하나의 가능성에 의탁된다. 진정한 의미에서 시적인 삶의 형태란 스스로의 작품 속에서 무언가를 하거나 하지 않을 수 있는 스스로의 잠재력을 관조하고 그 안에서 평화를 찾는 삶이다. 살아 있는 인간은 결코 자신의 작품을 통해 정의될 수 없으며 오로지 작품의 무위적인 상태에 의해서만, 즉 어떤 작품을 통해 하나의 순수한 잠재력과 관계를 유지하면서 스스로를 삶의 형태로(삶이나 작품이 아닌 행복이 중요한 것으로 부각되는 삶의 형태로) 구축하는 방식에 의해서만 정의될 수 있다. 삶의 형태란 한 작품을 위한 작업과 자기 연단을 위한 작업이 완벽하게 일치하는 지점에서 주어진다. 화가, 시인, 사상가는(일반적으로 예술에 종사하는 모든 이들은) 어떤 창조 활동과 작품의 '저자'라는 이유로 주권을 지닌 주체가 되는 것은 아니다. 이들은 오히려 이름 없이 살아간다. 언어가, 시선이, 몸이 만들어내는 작품들을 매번 무위적인 것으로 만들고 이를 관조하면서 스스로에 대한 경험을 시도하고 잠재력과 관계를 유지하기 위해 노력하는, 다시 말해 자신의 삶을 삶의 형태로 구축하려고 시도하는 이들이다. 오로지 이 시점에서만 작품과 위대한 작품, 금속으로서의 금과 철학자들의 금이 여지없이 일치하게 될 것이다.

불과 침묵

진정한 의미에서 침묵이 깃드는 곳은 아마도 아름다운 얼굴일 것이다. 우리가 성격이라고 부르는 것은 사람의 얼굴을 내뱉지 않은 말로, 행동으로 옮긴 적이 없는 의도로 채색한다. 동물의 얼굴은 항상 무언가를 말하고 싶어 한다. 반면에 인간의 아름다움은 얼굴을 침묵으로 인도한다. 이 침묵은 단순히 담론의 유보가 아닌 말 자체의 침묵을, 아니, 드디어 눈에 보이는 말을 의미한다. 그런 이유에서 인간이 정말 집에 와 있다고 느낄 수 있는 유일한 곳은 침묵 속의 얼굴일 것이다.

이상은 저자가 1985년에 펴낸《산문에 대한 생각》의 한 구절이다. 저자의 저술 대부분이 이론적인 구도와 논리적인 성격의 글로 구축되는 반면 이《산문에 대한 생각》만큼은 다른 곳에서는 찾아볼 수 없는 독특한 형태의 아름답고 까다로운 산문들로 채워져 있다. 이 책에서 저자가 시도했던 것은 예술과 철학이 공존하는 차원에서, 다시 말해 문학적인 차원에서 아포리즘이나 우화, 혹은 수수께끼 같은 형식의 글쓰기를 통해, 설득력 있는 이론을 펼치는 대신, 어떤 언어적 속임수에서 벗어나거나 의식을 일깨우는 일이었다. 저자가 항상 추구해온 것이 그런 식으로 결코 잊어서는 안 될 것들을 하나의 단상 안에 함축시키는 글쓰기였다면 이것이 보다 구체적으로 드러난 작품이 바로《산문에 대한 생각》이다.

　　이러한 함축적인 형태의 글쓰기, 어떻게 보면 철학적이라기보다는 본질적으로 문학에 가까운 글쓰기가《불과 글》에서도 확연하게 부각된다. 문체도 훨씬 편안해졌고 논리적 전개에 치중하기보다는 한마디 한마디를 통해 독자들에게 무언가를 전달하려는 의도가 더 강하게 느껴진다. 노년에 접어들면서 일어난 변화라고나 할까. 최근에 발표한 저서들 이곳저곳에서도 비슷한 경향을 엿볼 수 있다. 시는 철학을, 철학은 시를 추구해야 한다는 저자의 오래된 생각이 맺은 결실이 《불과 글》이다. 모든 글쓰기, 모든 언어적 행위가 가지고 있는 비평과 창조, 관찰과 행위의 은밀한 이원론적 측면을 부각시키는 것이 저자의 글쓰기라면, 그래서 그가 〈창조란 무엇인가?〉에서 이야기하는 것처럼 잠재력의 형태로 그의 메시지가 전해질 수 있다면, 《불과 글》은 분명히 하나의 결실로 평가될 수 있을 것이다. 하지만 이를 결실로 보기 위해서는 저자가 생각하는 독서 행위에 전적으로 동의하고 참여할 필요가 있다. 본질적인 차원에서 독서 행위란 누군가가 이미 말하고 생각한 것을 자기화하면서 그것을 아직 누구도 언급한 적이 없고 생각한 적도 없는 것의 문턱 너머로 가져가는 일이다.

노발리스Novalis에 따르면 철학은 원칙적으로 하나의 회상에 지나지 않는다. 이와 유사한 방식으로, 문학은 잃어버린 신비의 회상에 지나지 않는다는 것이 첫 장 〈불과 글〉에서 저자가 제시하는 관점이다. 물론 아무것도 회상하지 않는 철학과 문학이 존재한다. 현실만을 전제로 고립된 현상의 분석에 집착하는 철학과 유희에 집착하는 문학이 존재하지만 저자는 모든 정통한 철학과 문학이 본질적으로는 회상이라고 말한다. 인간의 삶을 벗어난 철학과 문학은 존재하지 않고, 인간의 삶이 사라짐과 회상의 메커니즘을 벗어날 수 없기 때문이다. 회상의 순간이야말로 삶을 하나의 신비로 기억할 수 있는 기회다. 아울러 삶을 신비로 기억할 수 있을 때만 진정한 의미에서의 회상, 즉 철학과 문학이 가능해진다.

그렇다면 〈불과 글〉의 내용을 〈창조란 무엇인가?〉에서 드러나는 창조 행위의 본질적인 위상과 함께 생각해볼 필요가 있다. 불에서 글로 움직이는 과정이 문학적 창조 과정의 본질적인 측면이라면 문학적 창조의 '잠재력' 또한 불처럼 신비로운 면을 가지고 있다고 봐야 할 것이다. 하지만 이는 문학적 창조 고유의 무위 속에 머물 때만, 즉 문학적 창조가 동반할 수밖에 없는 획일적 논리를 거부하고 이에 저항할 수 있을 때만 가능한 일이다. 모든 정통한 철학과 문학이 회상이라는 점과 창조 행위의 본질이 무위와 저항에 있다는 사실은 결코 무관하지 않을 것이다.

문화를 현상으로만 바라보고 요약에만 집중하는, 잔인할 정도로 근시안적인 해석이 범람하는 이 시대에 저자가 눈에 잘 띄지 않는 관계들을 분석하면서 도출해내는 수수께끼 같은 문장들이 우리에게 값진 깨달음을 전해줄 수 있으리라 기대해본다. 어떻게 보면 저자의 의견에 동의하는 사람만이 접근할 수 있는 일종의 비밀 같은 것이 감추어져 있는 글이다. 무엇보다도 저항, 무위, 잠재력 같은 개념들을 이해하고 동일한 이해를 토대로 독서를 지속하기 위해서는 동의와 참여가 필요해 보인다. 판단에 근거하는 동의라기보다는 저항, 무위, 잠재력을 토대로 하는 창조 행위에 정신적으로 동참해야만 접근할 수 있는 내용들이다. 저자 스스로가 직접 참여하고 있는 부분이기 때문에 그의 생각을 쫓아가기 위해서는 저자의 곁에 가까이 다가가 그의 얼굴을 마주할 필요가 있다. 서두의 단상에서처럼, 말에 대한 저항을 통해 말을 눈에 보이는 것으로 드러내기까지 침묵하는 얼굴의 아름다움을 찾아야 한다.

많은 것들을 이러한 침묵 속에 남겨둔 채 한마디의 말을 추적하는 저자의 통찰력이 가장 첨예하게 드러나는 예는 〈이집트에서의 유월절〉일 것이다. 어떤 결론을 내릴 수 있을까. 첼란의 극도로 정제된 시들이 결국 실어 상태에 이르는 것은 단순히 그가 고통스러운 경험과 살아남은 자의 죄의식에 시달렸기 때문만은 아니다. 그 배후에는 고통을 아름다움으로 승화시키기 위해 매순간 가다듬어야 했던 언어가 바로 원수의 언어였다는 사실이 남아 있다. 실어 상태에 이르는 언어는 원수의 언어, 첼란이 죽는 날까지 저항해야 했던 언어, 그가 '이집트'라는 말로 표현했던 노예 상태의 언어와 일치한다. 저자가 이런 점에 주목할 수 있었던 것은 아마도 그가 창조 행위의 본질을 저항과 무위와 잠재력으로 보는 관점에서 오랫동안 자신의 사유를 진척시켜온 철학자이기 때문일 것이다.

저자가 요구하는 정신적인 참여의 각도가 다양하고 까다로운 만큼 그가 말하는 모든 이야기에 모두가 동의한다는 것이 불가능할지도 모른다. 그러나 내가 저자의 논지에 기꺼이 믿음을 부여하는 이유는 그가 언급하는 '높은 비상'이 어떤 철학적 권위를 확보하기 위한 하나의 입장이나 전략이 아니기 때문이다. 그가 높이 비상하는 이유는 타자의 언어에 깊이 귀 기울일 줄 아는 열정을 우리에게 전달하기 위해서다. 그 외에 그는 다른 곳으로 날아갈 줄 모른다.

2016년 11월, 윤병언

불과 글

초판 1쇄 발행 2016년 11월 21일
초판 4쇄 발행 2022년 12월 12일

지은이 조르조 아감벤
옮긴이 윤병언

펴낸이 김현태
펴낸곳 책세상
등록 1975년 5월 21일 제2017-000226호
주소 서울시 마포구 잔다리로 62-1, 3층(04031)
전화 02-704-1251
팩스 02-719-1258
이메일 editor@chaeksesang.com
광고·제휴 문의 creator@chaeksesang.com
홈페이지 chaeksesang.com
페이스북 /chaeksesang **트위터** @chaeksesang
인스타그램 @chaeksesang **네이버포스트** bkworldpub

ISBN 979-11-5931-089-8 03100